跨境电力合作

风险、主体损益与制度选择

聂新伟 著

商务印书馆
创于1897 The Commercial Press

图书在版编目（CIP）数据

跨境电力合作：风险、主体损益与制度选择 / 聂新伟著. — 北京：商务印书馆，2022
ISBN 978-7-100-21820-7

Ⅰ.①跨… Ⅱ.①聂… Ⅲ.①电力工业—国际合作—研究—中国 Ⅳ.①F426.61

中国版本图书馆CIP数据核字（2022）第214422号

跨境电力合作
风险、主体损益与制度选择
聂新伟 著

商 务 印 书 馆 出 版
（北京王府井大街36号 邮政编码100710）
商 务 印 书 馆 发 行
北京盛通印刷股份有限公司印刷
ISBN 978-7-100-21820-7

2022年10月第1版　　开本 880×1230 1/32
2022年10月北京第1次印刷　　印张 7⅞
定价：68.00元

献给我的父亲和母亲

序　一

改革开放40多年来,中国成为贸易大国,但电力贸易十分有限,更鲜有人深入研究电力贸易。近年来,随着我国提出“一带一路”倡议和加强同周边国家包括电力在内的基础设施的互联互通,跨国电力互联互通将成为我国能源国际合作的重要组成部分。在此背景下,如何有效促进中国与周边国家间、“一带一路”沿线国家及地区间电力“跨境”互联互通成为当前重大的现实课题。

世界能源问题从来不是单纯的能源问题,也不是纯粹的经济问题,而是夹杂着非经济因素的特殊问题。电力(电能)虽作为一种工业产品,固然是为了“销售而生产”的经济商品,但其又不能被单纯地视为“一般商品”,有其特殊性,即不可存储、实时平衡、依赖电网输送以及电力系统稳定可靠关乎国家经济社会安全。与此同时,电网互联也会引起能源供应安全的政治负担,一旦涉及更大规模的电力交换,能源安全与政治等非经济因素就会交织进来,国家安全和政治心态有可能就成为能源合作的最主要障碍。尽管合作存在可期的收益,但主权悖论(paradox of sovereignty)的存在往往使得合作过程存在“曲折反复”,并有不同的结果。本书对电力国际贸易这一特有的现象进行了理论解释,对跨境电力合作的风险、合作的阶段性特点和不同阶段合作主体的损益变化与合作策略选择,进行了逻辑清晰的研究论证。

根据电力贸易的实际验证研究结论是本书的一大特点。从各国实践来看，具有协调效力和法律约束力的区域性专属性制度安排是区域电力贸易与合作得以实现的必要或前提条件。例如，为了推进电力互联计划的实施，海湾合作委员会成员国出台了用来管理互联电网准入和应用的法令，明确参与者贸易权利与义务的电力交换和贸易协定。泰国为进口电力先后分别与老挝、缅甸和中国签署了一系列的谅解备忘录等。本书基于欧盟电力市场一体化、海湾合作委员会电力互联、中亚五国“独而不联”的制度安排经验，论证了科学合理的制度安排能够推进跨境电力合作及实现区域电力一体化。简而言之，好的制度安排具有打破“囚徒困境”实现协作博弈的有效性。这一研究结论无疑为在跨境电力合作逐渐成为全球能源贸易新趋向的背景下探讨促进电力设施联通与贸易畅通的制度选择问题提供了有益启示，也较好地体现了学术研究旨在反映现实指导实践的社会价值。

聂新伟博士的著作，丰富了电力国际合作的理论研究，率先系统研究跨境电力合作中政治与经济问题及其解决这些问题的国际经验与制度选择。相信本书的出版，能为“一带一路”倡议提出“基础设施互联互通”和全球能源互联网倡议提出“人人享有可持续能源”战略目标的有序推进提供更多的思考与启发。特此推荐。

史　丹

2019年3月28日于北京

序　二

随着全球跨境电力贸易规模持续增长，中国在“一带一路”倡议下与周边国家的电力基础设施互联互通格局初具雏形。在跨境电力合作将成为中国能源多元供应图景的重要组成部分这一背景下，本书以国家理性主体的视角，针对电力合作的特殊性，结合国际电力合作的丰富实践，着重研究了跨境电力合作的风险和不确定性、国家主体的决策因素和策略行为、制度性因素对电力贸易福利的影响，以及如何优化制度设计、拓展电力合作空间。

本书纳入政治成本考量，基于主体理性和成本收益特点，构建了国家间电力合作的博弈场景，以行为主体的不同动机探讨合作实现的条件与困难，从而深刻地揭示了电力合作不确定性的内在机理。在交易费用理论基础上，作者构建了制度环境与国家主体之间的内生关系分析框架，对有利于增进电力合作可能性的制度环境做了理论论证。从理论和经验两个层面揭示了，为促进国际电力合作，须推动电力市场开放，消除制度性差异和机会行为空间，避免缺乏系统性且没有行为约束力的制度安排。

跨境电力合作是一项前沿性的选题，在跨境电力合作成为全球能源贸易新趋向的背景下，本书充分吸收现代经济学的理论养分和能源合作的实践经验，深入探讨了电力合作的风险、电力合作有序有效推进的可能性与约束条件、电力合作（贸易）的特殊性，以及区域电力合作（贸易）具体实践过程中出现的问题和相关对策。

面对电力合作中的诸多挑战和国家能源战略的现实需要，这部学术专著有助于我们把握能源贸易问题研究的前沿动向，形成关于跨境电力合作的正确认知，优化能源贸易的制度环境和电力合作的制度安排，更好地推进“一带一路”倡议下中国与周边国家的电力互联互通，因而具有重要的理论价值和突出的现实意义，值得推荐。

张群群

2019年4月2日于北京

自 序

近年来，全球跨境电力贸易规模总体呈现增长趋势。根据国际能源署数据统计，2015 年，全球电力进口总量为 7519 亿千瓦时，较 2004 年的 5416 亿千瓦时增长了近 40%，年均增长率约为 3.0%，为同时期国际石油全球贸易量年均增长率 1.5% 的两倍。与此同时，世界范围内开展电力合作的国家与地区已增加到 123 个。随着贸易规模的扩大和开展合作国家的增多，电力合作将成为最具发展潜力的能源合作形式。我国的电力贸易发轫于 20 世纪 80 年代末的中俄电力边境贸易，随后在亚洲开发银行的积极推动下成立的大湄公河次区域国家电力合作组织，则开启了我国与东南亚国家的区域电力合作。近些年来，尤其是我国提出“一带一路”倡议以来，加强同周边国家包括电力在内的基础设施的互联互通格局已初具雏形，可以预见，电力互联互通将成为我国能源多元供应图景的重要组成部分。

然而，已有研究和实践表明，电力合作内生地需要“潜在收益的评估、风险的预设、成本的考量和制度的协调”，如若不然，合作就无法实现或进一步推进。同时，电力市场的边界远远大于行政地理边界，主权边界的存在既造成了“边境效应”，又分离出了不同主权色彩的异质性“行为主体”，行为体基于理性会有不同的合作目标，这就决定了合作过程中的不确定性。基于此，本书以国家作为研究对象，从国家理性主体的视角，结合电力合作的特殊性和电力合作的经验事实，着重从电力合作的风险或不确定性、国家间电力合作的成本与收益考量及不同成本收益下国家行为特点与策略选择、制度性因素对电力贸易福利的影响，以及如何基于更好的制度安排来实现更有效的合作等问题进行研究。本书基本研究结论如下。

电力合作的风险主要表现为供应安全，并且理性主体基于供应安全的政治考量在合作过程中是一直存在的，即使是实现供应结构与渠道多元化（区域电力联营）的国家依然对此保持"敏感性"。同时，从电力合作的阶段性和主体损益演变的趋势看，在电力合作收益递减的趋势下合作成本却呈现递增特点，表明随着合作的深入，理性主体对供应安全等政治考量的敏感性会愈发强烈，致使合作充满不确定性。为了揭示合作不确定性的内在机理，本书创新性地纳入政治成本考量，基于主体理性和成本收益特点，构建了国家间关于电力合作的博弈场景，分别以个体收益、相对收益和共同收益作为主体行为动机，来探讨合作实现的条件与困难。基于个体理性，如果合作不能带来个体收益的帕累托改进，"背叛"就会发生；仅某一方实现改进，则背叛就是另一方的理性选择；如果合作的双方都实现了帕累托改进，但对应的成本付出与收益所得并不对等，那么合作也是不稳定的。基于净收益分配的博弈，若要实现个体绝对收益最大化，在合作收益短期难以改变的情况下，合作成本最小化就成为最优选择。根据主体间的策略互动，任意一个行为主体都拥有自己可以承受的"合作成本"和基于策略反应希望对方能承受的合作成本。如果对方承担成本与希望其承担的成本不一致，那么就会认为对方存在机会行为，合作就不可能实现。在双方以共同收益最大化作为行动目标的场景下，虽然容易实现集体行动，但如果缺乏有效的监督和制度保障，可能会出现单方面的“机会行为”。由于电力合作需要资产专用型的投资，一旦出现“机会行为”，大量的投资将变成沉没成本，前期负担过多合作成本的一方将承受巨大损失。

为了探讨“边境效应”存在与其对电力合作的关系，本书首次尝试通过运用一般均衡的分析方法来对制度性差异与电力贸易福利关系进行理论推演，并结合合作事实发现制度性差异在双边的电力贸易中发挥了贸易楔子的阻碍作用，使得整体福利无法实现最优；然而，从供应安全的政治考量出发，制度性差异的存在或人为设置却是个体理性的“占优策略”，作为个体理性的策略选择，对其消除或调整往往存在困难。从合作促进的视角来看，如何形成“有效的、成功的”制度安排亟需理论创新。本书结合电力合作中出现的个体利益与集体利益冲突、机会行为和成本约束等影响合作的因素，以及制度性差异对贸易福利影响，在交易费用理论基础上进行突破并构建了“制度环境与国家主体”内生关系，从理论层面论证了有利于增进国家间电力合作可能性的制度环境：一是发挥制度对行为体的奖励或惩罚的作用来促进合作；二是通过降低交易费用的偏紧组织安排推进合作的深入。同时，国际电力合作制度安排的经验表明：推进电力市场开放、消除制度性差异和策略性的合作安排（如成本跨期分配）可以有效地促进电力合作，而缺乏系统性且没有行为约束力的制度安排，将会造成集体行动困境。最后，本书基于电力合作的现状研究，发现合作主体间实力的不对等致使其他国家在与中国电力合作问题上面临合作成本付出过大的担心或预期，从而造成对合作收益偏好的差异。

客观而言，抛开能源或电力合作的特殊性与条件附加，仅以国家间的合作作为考察对象，学术领域围绕着这一问题就已形成了概念不同、理论框架迥异的三大理论体系，足见这一问题的复杂性。本书关于跨境电力合作的问题研究也是在直接或间接地运用国际关系理论的架构与分析方法，虽然在一些方面做了创新性的尝试，但相比于纷繁多样的电力合作的经验事实，囿于学识和方法局限，加之客观条件的约束（如数据的获取等）而不得不给予太多的研究假定，使得"挂一漏万"的疏忽是不可避免的。嘤其鸣矣，求其友声，恳请读者不吝批评指正。在本书写作和出版过程中，得到诸多支持和帮助，在此一并诚致谢忱！

目　　录

第一章　导论

第一节　研究背景、视角及价值

一、研究背景

（一）中国与缅甸的水电合作项目

1. 密松水电站项目合作进程的演变与搁置

最早在1952年，缅甸政府就提出了密松水电站项目建设的规划，但由于技术、资金和市场问题，项目一直无法实施。随着电力需求的增加和经济社会发展的现实需要，缅甸政府积极寻求电力合作。2006年10月在第三届中国－东盟博览会上，缅甸政府向中方（承接方为中国电力投资集团公司）发出积极邀请。由于双方存在合作的共同意愿——缅甸政府寻求中国帮助开发其水能资源，也是看到了邻近的中国能够成为其可靠的电力消纳市场，中国政府则希望用缅甸的清洁水电替代化石能源发电，以此减少温室气体排放——两国政府于2009年3月签署了《关于合作开发缅甸水电资源的框架协议》，此后双方关于伊洛瓦底江上游水电开发进入全面推进阶段。根据两国签署的框架协议，双方的电力开发合作项目包括密松水电站在内的七级梯形水电站（其中密松电站是最大项目），装机总容量2000万千瓦，建设工期15

年，年均发电量约 1000 亿千瓦时，被誉为海外“三峡”。其中密松水电站项目装机容量 600 万千瓦，总投资 36 亿美元，建成后缅方获得 10% 的免费电量，同时优先向缅甸供电。在合作模式上，采取国际上惯用的 BOT 协议方式，在特许经营期内，缅甸方面可以通过税收、免费电量、股权分利等，获取 540 亿美元的直接经济收益。同时，中缅之间的电力份额分配也不会是固定不变的，如果缅甸自留的 10% 免费电量无法消纳，可以打包卖给中国，如果 10% 的电量不够，也可以适当增加缅方用电份额，等待缅方市场需求增加，密松水电站 100% 向缅方输电都有可能（张博庭，2012）①。根据缅甸的电力消纳情况（根据测算，密松电站装机容量 600 万千瓦，年发电量是缅甸 2011 年全年全国用电量的 3 倍，缅甸市场无法全部消纳），为了保障电力输出，中国企业特别规划建设一条从密松到中国广州的特高压输电线路。然而，2011 年 9 月 30 日，缅甸宣布搁置密松水电项目。由于项目暂停，中缅双方都受到巨大的损失，中方投资主体中电投集团 70 亿元人民币前期投资自不待言，这些资金的财务付息和人员维护费还以每年 3 亿元的速度递增②。

2. 密松水电项目开发被搁置的有关争议

缅方解释称项目被叫停是因为密松水电站将影响当地生态环境。与此同时，一些非政府组织在西方的支持下（美国国务院在项目叫停的第一时间表示欢迎）不明状况地妄称“中国

① 张博庭：《密松水电站缘何被叫停？》，《中国能源报》，2012 年 4 月 9 日第 20 版。

② 《密松水电站停工，中缅两败俱伤》，中国电力网，2014 年 1 月 10 日，http://www.chinapower.com.cn/newsarticle/1202/new1202563.asp。

掠夺缅甸资源”。从中方来看，面对项目因搁置而造成极大损失无法有效应对的窘况，说明了在电力合作开展之前所预设的应对风险的条件并不充分。一是对缅方合作机制的不健全没有充分的考量；二是对项目预期的乐观造成合作“机会行为”的应对无措，对于合作前景中缅从政府到企业都是乐观的（李光华，2013）。不过，密松水电站的“搁置”则说明在电力合作中形成有利于保护投资的多层次制度框架是何等重要（汪时锋，2013）。

可以说，在能源问题日趋全球化的趋势下（许勤华，2014），中缅电力合作搁置背后最大的干扰因素是政治因素，中方投资决策考量要素的不够充分也从侧面反映了电力合作的复杂性——潜在的合作收益并不必然引发促进合作的策略性互动。中缅电力合作过程中表现出来的风险或不确定性、政治因素考量以及机会行为等问题清晰表明，如何有效开展跨境电力合作，尤其是在合作影响因素变动（不确定性）的情况下如何进行事前行动场景的要素预设，以及该如何形成有效的合作模式等是亟待解决的重大现实课题。

（二）俄罗斯与格鲁吉亚的电力合作

2014 年 11 月 24 日俄总统普京与阿布哈兹领导人哈德日姆巴在索契签署一份《俄阿联盟与战略协作伙伴关系条约》（刘玉鹏，2014）。从历史进程来看，俄罗斯与格鲁吉亚围绕着电力供应的“冲突”使电力供应安全再次成为国家间政治博弈和国家政治经济自主能力的重要话题，也使得国家间电力合作的潜在风险再次挑动大家的神经。

1. 格鲁吉亚对俄罗斯电力的依赖程度

格鲁吉亚的电气化时代兴盛于苏联时期，在列宁“全国电气化加苏维埃政权等于共产主义”口号的指引下，苏联电力工业取得了重要成效，并建成了全国统一电力系统。格鲁吉亚电网则是南高加索电网的一部分，苏联的解体并没有影响后苏联地区电网互联互通的局面。但由于经济能力和发展水平的落后，格鲁吉亚等国家的电力工业发展受到严重影响。正如已有研究所指出的，格鲁吉亚的电力供应沿袭社会主义时期经济模式结构，格鲁吉亚独立以后电力供应网络没有独立，长期依靠亚美尼亚和俄罗斯（周继胜，2004）。从区域电网互联互通的格局来看，目前格鲁吉亚与俄罗斯有 500 千伏的输电线路相连（线路点长度 908 公里，其中格境内部分为 600 公里），输电容量为 80 万千瓦，与阿塞拜疆互联电网容量为 25 万千瓦的 330 千伏线路，有 220 千伏线路与土耳其电网和亚美尼亚电网相连（容量分别为 8 万千瓦和 18 万千瓦）。格鲁吉亚电网由 500 千伏、330 千伏、220 千伏和 110 千伏输电线路形成输电骨干网络，由 110 千伏、35 千伏、10 千伏和 6 千伏线路构成配供电网络，因此从输电主干网与配电网电压等级情况来看，这些跨境互联线路均构成了格鲁吉亚电力的重要输送通道，直接关系电力供应的安全，其中对俄罗斯互联线路的依赖性最强。

目前，格鲁吉亚输电网络主要由两家电网企业运营：一是高加索输电公司，负责连接俄罗斯和格鲁吉亚两国 500 千伏输电网络的运营与管理，并分别由双方持股，股权比重为 50% : 50%，其中俄方由俄统一电力公司持股；二是格鲁吉亚国家电网公司

(Georgian State Electrosystem),具体负责格鲁吉亚境内其余500千伏输电线路、330千伏、220千伏和部分110千伏输电网络。

从格鲁吉亚供电公司的情况来看,第比利斯供电公司占全国供电区域面积的26%;联合供电公司供电区域面积占比为26%;阿扎尔供电公司(属于格鲁吉亚能源公司)负责阿扎尔自治共和国电力供应,比重为5%;卡赫季大区供电公司比重最小,仅为3%。从各配电公司与俄关系来看,第比利斯供电公司75%的股份由俄罗斯统一电力公司拥有。由于其直接拥有格鲁吉亚境内10千伏配电网络和部分110千伏输电线路,其对格鲁吉亚的电力供应发挥着极为关键的作用——完全控制着格鲁吉亚首都的电力供应。绝对的控股不仅使俄罗斯统一电力公司可以直接进入格鲁吉亚电力市场,而且也有利于其实现地缘意义上的能源发展格局。

2. 格鲁吉亚电力自主与多元化之路——区域电力互联与"摆脱"俄罗斯

格鲁吉亚与俄罗斯的能源冲突最早起源于天然气,作为天然气生产大国,俄罗斯在苏联解体后一直给予独联体内部的伙伴国天然气价格优惠,以期获得相关的政治收益。虽然是独联体国家,但摆脱对俄罗斯的能源依赖成为格鲁吉亚国家能源政策制定的重点。格总统曾宣称,格鲁吉亚应结束能源依靠俄罗斯的历史,尽管与俄罗斯有政治和经济上的诸多联系,格鲁吉亚也应调整这种关系。格鲁吉亚认为能源独立是非常重要的,并将其视为"战略选择”。[①]2004年6月格鲁吉亚政府通过了《能源领域2004—2005战略行动计划》，确定了包括能源供应来源多元化在内的四个主要目标，其中能源独立和可持续发展、能源安全成为最重要的目标，并基于长远考虑，指出要通过最大限度地支持利用本国资源发展能源以降低进口依赖，以及实施电力和天然气进口渠道的多元化等达到长期发展目标。[②]

然而，由于格鲁吉亚拥有丰富的水电资源（可经济开发的水电资源为320亿千瓦时/年），但其他能源资源极为缺乏，使得推进电力发展成为其必然选择。在能源建设中，电力问题是重中之重，方针仍然是开发水力资源，发展水电事业。格鲁吉亚有一种设想就是发展水电，不但满足自己需要，还可以出口到亚美尼亚等周边国家（周继胜，2004）。2006年7月，格议会批准了《电力行业国家政策纲要》，重申能源安全的中心地位，强调要逐步由新旧水电站替代电力进口和承担现由火电承担的负荷；要求新建与邻国连接的输电线路，与邻国电网并网运行，并扩大能源中转走廊；提出到2013年，系统电力备用容量应全部来自本地资源。整体而言，在寻求电力供应安全的战略选择上，格鲁吉亚一方面通过充分发展国内水电资源，实现电力供应能力的提升，如通过重建因古尔水力发电站使得该国的发电量增加600兆瓦；另一方面，通过与周边国家电网互联的方式实现调剂余缺在内的电力多元供应。在此战略引导下，格鲁吉亚的电力自主之路取得了积极

① 格鲁吉亚总统：《结束能源依靠俄的历史》，国际能源网，2006年4月13日，http://www.in-en.com/article/news/intl/2006/04/13/20060413455.html。

② 《格鲁吉亚电力能源政策及投资前景》，商务部，2008年12月11日，http://power.in-en.com/html/power-1644164494272599.html。

成效。本章分别以电力净进口 / 电力消费量与电力进口 / 电力消费量两种计算方式来评价其电力对外依赖程度，结果均表明格鲁吉亚近年来电力对外依赖程度显著下降（如图 1-1 所示），2007 年之后，格鲁吉亚转为净电力出口国。

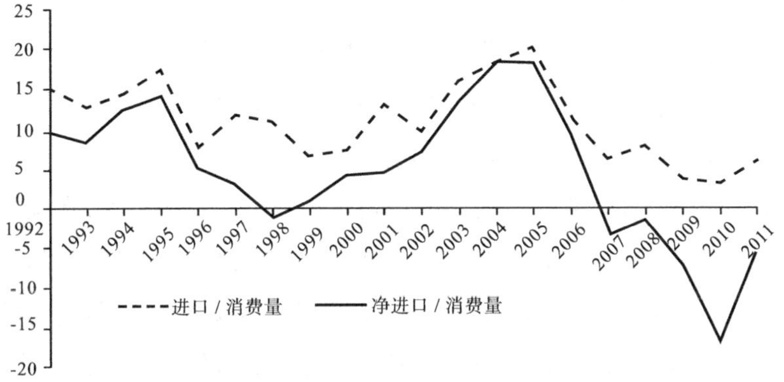

图 1-1　1992—2011 年格鲁吉亚电力对外依赖程度演变情况

资料来源：根据美国 EIA 数据整理所得。

与此同时，在对外行动上，格鲁吉亚的自主能力也显著增强。2006 年 8 月 4 日，停止通过卡夫卡西奥尼输电线路进口电力资源；2007 年 3 月随着因古尔水电站完工，格鲁吉亚将不再需要从俄罗斯进口能源，开启了所谓“开辟多国能源渠道，停用俄电力”的能源自主时代。建设通往土耳其等周边国家的输电线路不仅能够避免电力进出口完全受制于俄罗斯，而且对于格国家能源安全和主权独立具有战略意义（李明，2008）。基于此，格鲁吉亚相继同土耳其、阿塞拜疆和亚美尼亚就 500 千伏高压跨境输电线路规划建设问题进行协商，并基本形成了合作共识。通过多国互联的输电线路，格鲁吉亚不仅可以实现汛期电力的出口，也可以增强电力国内供应不足时电力进口的保障能力。格能源部长称:“鉴于每年4月到8月格国内电能过剩,格将向土耳其出口电力资源,并赋予私营企业为实施主体,与格当局签署购售电协议。”此外,在保加利亚的协助下,格鲁吉亚国家电网计划与欧盟电网互联,以实现更大范围的电力交换。

然而,全球能源资源分布的不均衡,决定了没有任何一个国家可以完全依靠自身资源来满足发展需要,国际能源贸易与合作成为必不可少的环节(李晓辉,2013)。由于格鲁吉亚电力工业发展基础较差,受俄罗斯国有电力企业投资行为影响较大,在国内电力需求以年均10%的速度递增的情况下,加之因汛期与枯期发电量的巨大差异而造成调剂余缺的现实客观需要,对俄电力的需求并没有完全脱离,并继续需要在电力上与俄罗斯进行合作。格前总统萨卡什维利指出:“格鲁吉亚不希望与俄罗斯的关系恶化,而是希望在考虑自身利益的情况下,在相互尊重和互利的基础上发展与俄罗斯的关系。”2007年6月25日,俄罗斯与格鲁吉亚以“易货贸易”的形式签署电力交换协议。按照协议,格鲁吉亚在夏季向俄罗斯国际统一电力系统公司提供300兆瓦的电力,而冬天俄罗斯国际统一电力系统公司则向格鲁吉亚方面返还同样的电力。

格鲁吉亚与俄罗斯电力合作(贸易层面)在充分说明电力合作的风险性与不确定性的同时,也印证了事关国家电力供应安全、国家主权安全以及贸易收益“公平性”的电力合作的复杂性。一方面,不同于一般性商品贸易,电力合作既涉及合作主体国家的政治意愿与战略选择,也关系地缘政治与大国竞争。另一方面，为了保障国家能源供应安全与政治主权安全，格鲁吉亚的策略选择——无论是国内自主自强，还是与境外多边电网互联——均表明了在切实保障国家利益的基础上探讨更为多元化的电力交换对象对于无法实现电力自我平衡的国家而言至少是一个极为重要的具有安全经济可行性的途径，即跨境电力合作是必要的。综上而言，无论是俄罗斯试图实现地缘政治利益的最大化，还是格鲁吉亚确保电力供应安全与政治主权安全的考量（策略应对上的多国互联），均表明了双方在电力合作中存在利益相悖的现实，换言之，在合作成本与合作收益考量不一致的情况下，合作行为与策略安排自然会出现偏差。基于此，在保证国家电力供应安全与国家主权安全的情况下如何有效开展电力合作和促进利益相容或者在电力合作中国家的成本收益考量下如何有效开展电力合作等问题亟待解答。

二、研究视角

前文两个案例说明了国家间电力合作的复杂性，这也说明了围绕跨境电力合作研究选取科学合理视角的重要性。电力（电能）作为一种工业产品（或经济商品），固然是为了"销售而生产"的商品，但其又不能被单纯视为"一般商品"，有其特殊性。具体而言：一是电能商品的技术经济特性。电力难以储存，其生产、输送和消费必须即时完成，电力买卖必须依赖于电网完成，电力输送潮流在遵循基尔霍夫定律（the Kirchhoff's law）的同时，可能在容量约束下发生阻塞，等等。此外，由于电力需求的不断变化和电力系统实时平衡的需要，电力供应必须要保有一定的备用容量；电网作为载体，在一定条件下，电力交换数量和交换方式受电力系统运行技术与容量的制约(赵俏姿等,2008)。二是具有政治属性。作为一种能源品种,电力是国家间政治博弈的工具,其战略属性事关国家安全。这一战略属性要求其必须置于国家管控之下,并且政府也赞成电力自给自足(韩宝庆,2006),从这一层面来看,电力贸易具有能源贸易的一般性特点,即需要有较强政治意愿支持(Karova,2011)。正是电力商品的特殊性,使得电力合作或电力贸易在不失一般商品贸易形式的同时,也呈现出了不一般的特点:一是国际电力交易量在政府管控下相当有限(韩宝庆,2006),公司间或国家间开展的主动交易是基于长期合作和相互信任(Charpentier & Schenk,1995),即需要有较强政治意愿支持(Burgos,2007;Karova,2011),只有在政治关系长期友好、经济关系紧密合作的基础上才可能全面展开(陈柯旭,2009)。二是互联互通电力市场建设的基本条件是法律和制度保障(李瑞庆等,2009),要素的流动程度受市场制度供给的制约(肖鹏,2005);除了物理上的限制,监管和行政问题也妨碍国际和区域间电力交易(Plagiannakos,2000),高效跨境电力交易需要通过互联的电力市场规则的协调,因为只有这样才可收获跨境电力交易的全部好处(Bahar & Sauvage,2013)。三是电网互联也能引起政治负担(political liabilities)——能源供应安全(Meisen & Mohammadi,2010)。一旦涉及更大规模的电力交换,能源安全与政治考量就会交织进来(Talisayon,1988),而国家安全和政治心态是能源合作最主要的障碍(Malla,2008)。与此同时,一方面,对于电力安全而言,电源结构和电力供应渠道的多元化能够保障电力供应安全(Grubb et al.,2006);另一方面,随着合作的深入,对电力进口依赖度和电力供应中断的担心愈发强烈

(Asia Pacific Energy Research Centre, 2000)。在此双重效应影响下,合作显得“阴晴不定”,既有合作阶段间的转换也有数量规模的变动(Talisayon, 1988),因此区域电力合作和融合是一个长期的过程(Burgos, 2007)。基于此,本书以国家作为研究对象,结合电力合作的特殊性,着重从电力合作的风险或不确定性、国家合作的成本与收益考量及不同成本收益下国家行为特点与策略选择、制度性因素对贸易福利的影响,以及如何基于制度环境对博弈形式的影响来实现更有效的合作等方面进行研究。

三、研究价值

(一)解答电力合作事例中出现问题的迫切需要

从中缅和俄格电力合作的事例中可以发现,以下三个层面问题的解答是现实的迫切需要:一是电力合作的风险、不同合作主体的机会行为和合作中的政治因素考量间的关系对电力合作的影响。二是在国家电力供应安全、政治主权安全、合作利益冲突的情况下,不同主体应对不同的国内国际环境时会进行怎样的策略性选择。简言之,国家选择“合作”这一策略时需要考虑的成本收益条件是什么。三是电力合作涉及诸多层面因素的影响,因素间的交互影响使合作更为复杂和充满不确定性,同时,不同合作模式下对应的理性主体考量的成本与收益存在差异(利益的相容与相悖),等等,均表明促进合作实现的制度安排愈发重要(中缅因制度性安排缺少而造成缅单方不合作就是具体体现)。因此,如何实现制度供给和秩序供给,以促进双边或多边的互惠性合作,进而在此基础上推进国家间电力合作向更高阶段演进，实现电力资源在更大时空范围的优化配置，显得愈发重要与必要。

（二）顺应世界电力贸易不断增长对相关理论研究的现实需要

商品可以界定为“为了在市场上销售而生产的物品”（卡尔·波兰尼，2013）。WTO不否认电能是一种商品，同时也充分尊重了其特殊性（韩宝庆，2006）。世界海关组织（World Customs Organization）赋予了电力可贸易的“身份”许可，其对应的商品编码为271600。由于电网互联互通有利于电力在更大时空范围内的优化配置，大多数国家电力市场的“边界”已远远超越了其行政地理边界或者电力市场的边界线已经超越了授权区域和州的边界线（萨利·亨特，2004）。近年来，随着电力市场的开放，横跨多个国家的电力贸易的需求呈现出逐年提升的态势（Glavitsh et al.，2004）。世界一些国家如中国、泰国、南非、美国、加拿大、西非国家和欧洲国家等也正致力于跨境电力贸易（Saroha and Verma，2013）。

从全球范围来看，电力供应边界的扩大，不仅会降低边际备用要求，削减整个系统的波峰负荷，还可以提升电力供应的安全性和电力系统的可靠性，自然这也是电力贸易区别于一般商品贸易的独有外部收益。同时，国内市场将会因电力进口而使竞争程度和效率水平显著提高（Gebhardt & Höffler，2013），进而增加生产者和消费者剩余。从世界电力贸易开展规模变动的情况来看（如图1-2所示），1980年以来，全世界与各个地区的电力贸易规模整体呈现出增长的态势，其中增长幅度最为显著的是欧洲地

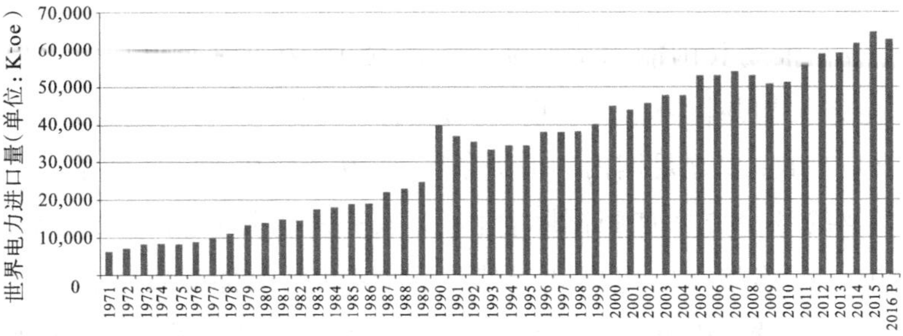

图 1-2　1971—2016 年全球电力进口量变化情况

区，中东、非洲、亚洲等发展中国家集中地区的电力贸易规模近年来也开始稳步提升。可以预见，在可贸易的能源商品上，在一定意义上，国际电力贸易是具有发展前途的能源国际贸易形式（谢文捷等，2005）。因此，在电力合作更具发展潜力的趋势下积极探讨国家间的电力合作问题，不仅尊重了学术研究以现实问题为出发点的基本要求，而且基于更为复杂能源品种的合作而进行的理论探讨更具现实的指导意义。

（三）中国能源安全与构建现代能源体系下途径选择的认知需要

2014 年国家能源委员会指出，“当今世界政治、经济格局深刻调整，能源供求关系深刻变化，能源仍是国际政治、金融、安全博弈的焦点”。在确立对外政策的主要原则、优先方面、目标及方向时，应该考虑到双边和多边关系中能源合作的地缘政治意义（斯·日兹宁，2005），在亚洲已成为全球新的地缘政治和地缘经济中枢的背景下，中国要充分发挥自身发展优势和相邻区域潜力，推进沿边省区地方经济与周边国家自然联通合作关系（崔立如，2011）。

在推动我国能源生产和消费革命中，习近平总书记指出要“全方位加强国际合作，实现开放条件下能源安全”，具体而言，就是“在主要立足国内的前提条件下，在能源生产和消费革命所涉及的各个方面加强国际合作，有效利用国际资源”（习近平，2014）。连接国家电网和天然气，利用共同的能源资源推动区域能源贸易，从而降低成本，提高能源多元化，提高能源安全（亚洲开发银行研究院，2012）。与此同时，我国所面临的能源结构不合理的基本国情和雾霾防治的严峻形势，迫切需要能源结构转型或实现能源优质清洁低碳化的替代。电力是清洁、便捷和高效的二次能源，在“加强国际合作，提高优质能源保障水平”（李克强，2014）的战略考量下，进口电力显然具有亲环境（pro-environment）的属性，其对于我国实施节能减排和推进现代能源体系的构建具有重要的促进作用。一方面，进口电力消除了在我国进行电力生产所发生的环境污染等负外部性。作为清洁高效的二次能源，电力进口规模的扩大可以更好地发挥替代效用，使得在我国环境规制愈发严厉和火电项目局部限制的情况下，保障电力的清洁、安全、稳定供应。另一方面，以电网互联为例，区域内部联系能够提供相似的收益：更高的可靠性、更低的成本（包括更有效地使用生产设备和化石燃料等不可再生资源）、减轻负面的环境影响（Carlos Rufin，2002）。基于电力互联的积极外溢效应，包括我国在内的世界一些国家如泰国、南非、美国、加拿大、西非国家和欧洲国家等也正致力于跨境电力贸易（Saroha & Verma，2013）。

因此，实施能源对外开放战略，促进包括电力在内的清洁能源进口，既是我国坚持统筹国际国内“两种资源、两种市场”的内在要求，也是新时期保障我国能源供应安全、优化能源结构、促进能源清洁化发展，进而构建“安全、清洁、高效、可持续”的现代能源体系的现实需要。在此基础上，对电力合作中的问题进行系统科学的前瞻性研究，不仅有利于促进我国在能源多元化之路探索过程中形成对电力合作的正确认知，而且有利于在实践层面结合我国当前能源环境问题的新形势，为更有针对性地开展电力合作提供参考指南。

（四）“一带一路”电力互联互通战略下对电力合作实践经验的借鉴需要

2013 年以来，国家主席习近平先后提出了与周边国家共同建设“丝绸之路经济带”和“21 世纪海上丝绸之路”的战略性倡议，其实质就是通过“一带一路”的战略构想实现与沿线国家开放格局下的“政策沟通、设施联通、贸易畅通、资金融通、民心相通”的全方位、立体化、网络状的“互联互通”合作局面。推进“互联互通”需要靠经济、社会等领域内的具体合作来实践与夯实（蓝建学，2013），从具体领域来看，互联互通涵盖了一系列基础设施、能源和人才交流等全方位的合作。集中了俄罗斯、哈萨克斯坦、乌兹别克斯坦、土库曼斯坦、阿塞拜疆、伊朗等重要能源生产国的“丝绸之路经济带”，无疑将推动能源合作成为中国建设“一带一路”的重中之重。例如，2013 年我国约 80% 的原油和几乎所有的天然气进口都来自“一带一路”沿线国家。从中国电力合作实践来看，在大湄公河次区域（Great Mekong Subregion，GMS）经济合作框架下，由亚洲开发银行推动的 GMS 区域电力合作从 1994 年起经过 20 多年的发展无论是在制度构建上还是在贸易规模上均取得了积极成效，为进一步深入合作奠定了良好基础。

由于契合了基础设施互联互通、“一带一路”能源合作、能源开放与安全，以及构建清洁低碳的现代能源体系的战略要求，电力跨境合作与贸易将成为“一带一路”战略构想得以实施的重要抓手和有效途径。中国将加强三个重要方向的电网互联，即“丝绸之路经济带输电走廊（新疆与中亚五国输电通道）、俄罗斯与蒙古向中国输电通道，以及南部与东盟邻国联网通道，通过电力互联互通实现未来中国与周边国家电网或电力交换呈现出全方位的特点”（舒印彪，2014）。电力互联互通格局已初具雏形和战略性规划，亟须对这一重大问题进行研究。换言之，为了顺利推进电力跨境互联互通，亟须对电力合作问题提供科学的理论指导和有针对性的政策建议。

综上所述，本书以跨境电力合作为选题方向，通过探讨电力合作的风险，电力合作有序有效推进的可能性与条件约束，电力合作（贸易）的特殊性，以及区域电力合作（贸易）具体实践过程中出现的问题和相关对策，以期对当前的两方面的现实问题进行全面的深入解答：一方面是对当前我国积极寻求能源安全、推动能源结构转型和“一带一路”倡议下基础设施互联互通这一重大现实问题的反映；另一方面，在全球电力贸易整体呈现出积极向好、扩大电网互联互通规模极具潜力的新趋势下，基于电力合作出现的现象而进行理论抽象并结合经济学视角进行阐释与解析既是必要的也是重要的。现实催生理论，理论要反映现实，这可以理解为经济理论科学发展的催化剂（何大安，2006）。因此，本书的出发点与落脚点就是在跨境电力合作愈发成为全球能源贸易新趋向的背景下，探讨电力合作问题，以形成正确的理论认知，既把握了能源贸易问题研究的前沿动向，又与现实与实践需求相呼应，进而更好地为“一带一路”倡议下中国与周边国家电力互联互通提供应有的理论指导。

第二节　基本概念与理论假定

一、概念界定

（一）“国家”的含义

国家与国家之间的关系，是随着国家的产生而产生的。国际体系是以国家为先决条件的，为了建构国际关系体系理论，需要把国家视为给定的因素（温特，2000）。从理论方面来说，将可以建立一种简约的理论；从实践方面来说，主要是因为国家拥有主权，尤其是大国拥有强大的政治经济实力，这是非国家行为体所无法比拟的（宋伟，2011）。因此，何谓国家就成为研究国家与国家之间关系的逻辑基础。韦伯（1964）对国家的定义是“一种组织，在一个既定的领土内，由国家领导人（形成权威）所领导和协调的大量机构组成，它有能力或权威制定和执行对所有人具有约束力的规则，并为社会其他组织制定规则提供参数，只要有必要就可以使用暴力”。“实质国家”有着五个基本特征，即“国家是制度－法律秩序；唯一可以合法使用有组织暴力的组织；具有主权的组织；社会和领土”（温特，2008）。

制度经济学基于产权的视角来阐述国家含义。科斯认为，物品的交易不要从物品本身看，而是要从物品有什么使用权利及权利谁属的角度看（张五常，2014）。在跨境交易中，国家无疑是资源要素的产权所有者。“离开产权，人们很难对国家做出有效的分析”，基于此，国家是一种“提供保护（和福利），以获取作为回报的税收的组织，其首要职能是保护产权”（诺斯，1999）。从国家功能来看，国家是一个动态的独立力量（Evans et al.，1985），每个地方的国家仍然是经济增长和现代化的本质性变量（Olson，2000）。与此同时，现代国家获得了公民的忠诚，并声明自己是合法的，因为它体现和代表了公民的需求、意愿和利益（Held et al.，1999），这就意味着国家行为的策略选择会基于国内政治经济形势或利益格局的动态性变化而进行变迁。以中缅水电项目为例，缅甸以“缅甸是民选政府，必须尊重人民意愿”为由，宣布搁置密松水电项目就是具体体现。

主权的概念寄托着这样一种独特的主张，即在限定的界限内正确行使政治权力，它指明了共同体内部的政治权威，它在特定的领土内具有决定规则、法规和政策框架的权利，并且依据它们进行统治。国家主权的发展是相互认同进程的核心，国家借此承认彼此在各自领土和共同体内的管辖权（郑永年，2009）。主权原则表明，所有国家拥有自我决定的平等权利，这在国家间的正式活动中成为最高原则（Krasner，1999）。因此，主权具有对外对内的两面性，对内而言，主权是最高权力；对外而言，各个国家拥有不受别国干预侵犯、按照自己的原则和要求行事的排他性权力，国家是“主权的”或权力的垄断者。由于在国际交往中，各参与主体多为主权国家，对外主权更受关注。

（二）国家“边界”与“边境效应”

根据国家的定义，边界是主权管辖范围的分界线，边界的存在清晰界定了不同国家要素的产权归属。产权“界线”的明确为国家间要素流动和组合奠定基础的同时，也从反面表明了要素“跨界”流动与组合的不自由。如果说要素的自由流动、自由组合是市场逻辑的必然的话，那么关税和非关税贸易壁垒的存在，不仅限制了生产要素、商品、服务和资本跨境的自由流动，还降低了资源配置和市场利用效率（李铁立，2004）。国家间的边境线界定了政治和法律管辖范围，而这种界定对市场的分割与运输成本或边境税所起的作用几乎一样，对商业有很大的抑制性影响，这就是所谓的“边境效应”（丹尼·罗德里克，2009）。因此，边界的存在使得市场逻辑与国家逻辑存在既相互对立又相互作用的矛盾统一关系。具体而言，市场逻辑是要素在跨国市场上自由流动与自由组合，以实现跨越国界，摆脱政治属性，实现利润最大化。“斯密定理”指出，“分工取决于市场规模，市场规模越大分工才能越细，才越能进行专业化生产”。而政府则总是想要疏导和利用经济活动，总是盘算如何为国家和国内主要利益集团及自身的利益服务（张宇燕等，2008）。对国家来说，领土边界是国家垄断和政治统一的必要基础；对市场来说，消除一切阻碍价格机制运营的政治因素以及其他因素是最迫切的（罗伯特·吉尔平，2006）。这种市场逻辑与国家逻辑的对立表现为“边境效应”的封闭。与此同时，国家与市场的逻辑也有相互协作的一面，市场的拓展需要国家提供保护，国家间基于政治信用背书的合作有利于发展市场，表现为边界的开放。

二、基本假定

（一）国家“人格化”与国家“行为体”的真实性

国家是国际关系的头等主体，是现代国家与其他国家的关系的表达者，是现实政治的载体，并一直处于国际关系的核心位置，同时也在区域组织中占有中心位置（戈丹，2010）。国家是国际体系的中心，基于此，把国际体系简化为国家之间的互动和结构，将可以为理论家的创造提供较为清晰的基础（宋伟，2011）。作为现实主义与新现实主义的主要代表，肯尼思·华尔兹一直假定国家是自私的、以维持现状为自身利益的"行为体"（温特，2000）。从华尔兹对国家的这些假定看，"国家"已经被"人格化"了——把国家看作具有人的某些特征的行为主体，而且更像经济学中常说的"经济人"（张宇燕等，2008）。"国家"作为指涉客体应该被概化为一种"组织行为体"，这一组织行为体与国家凭借政治权威结构所统治的社会有着内在的联系（温特，2000）。正如乔尔·S. 米格代尔（2013）所言，"国家并不总像有时被描述的那样，在宏观社会变革中是不受约束的原动力，相反，有两股力量影响着秩序和宏观层面的变革，一是社会对于国家的作用与反作用，二是其他国家及世界经济对国家和社会的影响"。"国家也是人"，但这不是说国家的行为可以还原到人的行为或政府行为，而是指"国家行为体的真实性"，它具备团体施动者的特征，即团体施动的"观念"既可以使集体行动制度化又可以认可集体行动的决策结构（温特，2000）。所以，"确认把国家当作真实的、单一的行为体的做法是合理的，这样的国家才可能被赋予意图特征"。温特（2000）指出，"使国家人格化不仅仅是为了分析上的方便，而是预测和解释国家行为必不可少的做法，正像通俗心理学对于解释人的行为是必不可少的一样"。

（二）国家的"理性经济人"假定

在传统经济学的视域中，理性决策包含着行为的内在一致性和追求利益最大化两方面的规定性，这些规定性通常涵盖于"理性经济人"的概念之中（何大安，2006）。理性意味着"理智地"思考自己和社会的利益、目标和手段，如果在国际舞台上，拥有主权的国家缺乏基本的理性，那么国际社会就会陷入混乱不堪、完全无规律可循的状态。从这个角度来说，理性国家的假设对于任何社会科学意义上的国际关系理论都是必需的前提；同时，国家具有基本理性的假设，也使得国家自身能够成为国际体系中独立而强大的行为主体，构成了分析国际体系的基本单元（宋伟，2011）。主流国际关系理论，无论是新现实主义还是新自由制度主义，其理论基础都是理性主义（温特，2000）。理性主义下国际关系理论的合作逻辑是以行为体是理性行为体的假定为前提，以利益最大化为理性行为体的基本目标，进而通过合作这一最佳途径来实现利益最大化（秦亚青，2008）。"自身利益是国家政策不仅合理而且根本的缘由所在，对此不用做什么虚伪的掩饰。"（马汉，1997）

因此，作为一个独立的国际政治的"关键行为体"，国家行为的目的是自我利益的实现或维护，而"自我利益"的确定恰恰是国家理性的重要体现，这也是现实主义国际关系理论对国家行为动机的假定。本书基于理性主义的假定，以国家作为研究对象，承认国家任何合作或非合作决策的选择都是在确定自我利益的基础上进行权衡的策略性认知，换言之，"自我利益"的清晰认知在构成国家进行策略性选择前提条件的同时，也会因其在合作过程中的“受损”或“增益”程度而对国家行为产生重要的影响。有鉴于此，本书对国家行为的分析同样建立在国家是独立的理性（rationality）的自我主义者（rational egoists），其行为目的是自我利益的实现或维护的假定基础上，这也是罗伯特·基奥恩（Robert Keohane，1984）称之为“系统分析的普遍模式”（the prevailing model for systemic analysis）的原因所在。理性意味着行为者在两方面是理性的：一是寻求可能条件下利益的最大化；二是选择合适的途径（戴维·米勒，1992；宋伟，2011）。简言之，理性国家说认为，国家行为体在某一给定环境中，能够确立国家目标，考虑多种政策方案的可行性和可能导致的结果，然后选择能够最大限度地实现国家目标的政策方案（秦亚青，1996）。即使是从极端情况来看，以自由贸易协定为例，作为政府对政府的协定，它们反映出主权国做出的深思熟虑的决定，而不是市场上“看不见的手”（托马斯·E. 斯基德莫尔、彼得·H. 史密斯和詹姆斯·N. 格林，2014）。在东盟，有关地区电网互联（一体化）的进展很大程度上是政府与政府而不是公共部门与公共部门之间商议安排的结果（Ta-lisayon，1988）。因此，电力合作的复杂性和电力商品属性的政治敏感性使得基于国家独立理性主体的假定分析是本书探讨国家行为、策略选择以及相关制度安排等问题的一种创新性尝试，也是试图通过构建合理的理论分析框架来将制度经济学相关理论扩展并应用到国际政治经济（经贸）关系分析中的一种研究范式的尝试。

（三）"要素稀缺性"假定

任何现实社会都是一个充满着经济品的稀缺（scarcity）的世界，承认稀缺性是一种现实存在并探究一个社会如何进行组织才能最有效地利用其资源是经济学的精髓所在，因为经济学研究的是一个社会如何利用稀缺的资源生产有价值的商品，并将它们在不同的人中间进行分配（萨缪尔森等，2008）。导致生产要素与产品进行跨国流动的根源在于：一是具有稀缺性的生产要素与产品在世界各国及各国内部的不同地区之间配置和分布的不平衡；二是人类对生产要素与产品的需求偏好的差异性与可变性（保健云，2010）。考虑到世界资源的稀缺性这一永恒的约束，尤其是在短期内，不同国家间的利益很可能是相互冲突的，或者至少是相互影响的，换言之，正是资源的稀缺性才导致了国家之间的冲突和各种各样的国际问题（张宇燕等，2008）。现实主义者认为，在资源永远匮乏的体系中，国家之间的竞争是第一性的，这种竞争在实质上是一种零和竞争；与之相反，自由主义者则认为，在一个资源稀缺的环境中，理性行为体重点考虑的问题是如何实现利益最大化，这是因为任何个体的利益在无法与其他个体互动的情况下不可能单独实现，因此需要一种双赢博弈来保证利己行为体利益的最大化（秦亚青，2008）。众所周知，能源资源在全球范围内呈现出明显的地理分布不均衡的稀缺性特点，同时，电力生产对要素禀赋的极为特殊的地理条件，使得跨国（或更大范围内）要素（资金、技术等）配置和产品消纳不可避免，可以说，正是对各国电力生产要素的稀缺性假定构成了本书研究的基础。

第三节 主要研究内容

电力既是一种能源品种，也是一种消费商品，同时，电力生产消费的实时平衡、不可储存，以及需要互联电网作为载体而输送的技术特点表明了电力商品的特殊性。这种特殊性内在地决定了电力合作（贸易）的特殊性——跨越国家主权界线并关系能源供应安全，概括而言：一是行政主权的“有界”与市场资源配置范围的“无界”，前者强调国家主权的疆域界线是明确的，后者则为“跨境的”（cross-border）旨在实现更大范围资源要素自由流动、自由组合的市场逻辑。根据前述对国家的定义，国家的“边界”在限定国家政治经济主权范围的同时，也明确了要素资源的产权归属、国家安全战略和制度环境。雷蒙·阿隆（2013）指出，合作体系构成的政治单元可以是同质的或是异质政体的，也就是说，政体追求相似或不同的目标，具有相似或不同的宪法准则，而无视政体之间的差异对国际关系的政治判断就会黯然失色。用经济学的语言，这种国家间异质性的存在很容易在彼此间构成“边境效应”。因此，独立的政治单元和经济主体，赋予了电力合作（电网互联）双重属性——既是合作也是竞争，既是经济又是政治，而且这种双重属性的交织影响直接决定了主体国家间的策略性互动。简言之，电力合作过程既是商业合作过程，也是国家间政治合作过程。

二是电力输送通道电网等物理实体的“有形”性与电力交换规则等制度安排的“无形”性。电力合作既需要输电网络、电源等物理形态的基础设施建设，也需要包括交易制度、组织体系、系统调配安排等软件体系的建设与完善，以形成有效的制度环境。正如习近平总书记所强调的，“互联互通是一条规则之路，多一些协调合作，少一些规则障碍，我们的物流就会畅通、交往就会更便捷”。概而言之，电力合作的复杂性内生地由两个“有”和两个“无”相互交织而决定，可以说，对电力合作这一复杂性的认知是有效开展相关问题研究的必要前提，而解决这两个共存的“有与无”问题，实现国家在电力合作背景下彼此间利益的协调与相容，从而实现资源要素在更大范围内自由流动、自由组合正是电力合作的终极目的所在。基于此，本书研究的整体内容就是跨境电力合作的可能性、如何可能，以及在合作背景下如何更好（即深化、优化乃至一体化）。

基于参与主体的国家政治主权色彩和能源战略属性，这里认为其“合作”与“不合作”都是在政治主权考量下行为选择的结果或策略性安排，问题的探讨就转为如何在把握电力合作特殊性基础上促使国家选择合作的行为，或者使“合作”成为其在特定条件下（成本收益比较）的“占优”策略，为了营造“特定条件”需要什么样的制度环境等。伯特尔·俄林（2013）认为，只有将复杂问题分割成多个部分才能对此进行有效处理，每次只解决一个问题固然有其相对的欠缺之处，但在分析难度较大且涉及多层面的问题时，这几乎是可行的主要研究方法。本书基于电力合作与贸易问题的复杂性，循着上述研究思路，在相关章节的分析中对研究内容进行了逻辑上的分割。本书研究内容的结构安排如下。

第一章是导论部分，重点介绍了研究背景意义，本书涉及的基本概念、基本假定与分析方法。

第二章具体介绍研究依据的理论基础及当前已有研究的概述，着重介绍了博弈论、国际关系理论与公共选择理论；与此同时，分别从国际关系理论关于国家间合作研究、国际贸易理论与能源合作研究，以及电力合作研究三个层面来对已有文献进行综述。

第三章是对电力合作风险的分析，基于能源供应安全的视角，从电力进口依赖度出发探讨了电力合作中关于电力供应安全的统计性事实，并结合电力供应的多元化、电力贸易的有限性，实证论证了电力供应安全存在性的检验。

第四章着重对电力合作的阶段进行划分，并基于不同阶段的特性进行了合作发生带来的成本与收益变化情况的介绍；然后在供应安全政治考量的准绳下描画了合作的阶段性特点和不同阶段下的合作收益与成本的演进特征。研究发现，电力合作具有阶段性的可逆特点，并且随着合作的深入，主体对合作成本的敏感性要明显强于合作收益，即具有明显的"损失厌恶"特点。由于合作能够显著带来收益，本书基于经济学理论，对电力合作带来的合作剩余进行理论性的分析。从全书架构来看，第三章与第四章的分析结论构成后续章节分析的依据，也从侧面反映了电力合作的复杂性和不确定性。

从理论层面来看，本书探讨的问题是附加了电力特殊性和电力合作特殊性的国家间如何合作问题，在个体理性的假定下，问题的实质就是如何实现个体利益与集体或共同利益的相容与协调，进而实现整体福利帕累托改进。第五章在第三、第四章对合作风险、成本与收益以及合作可逆性的基础上构建了国家行为选择的博弈场景。在"成本 - 收益"的主体理性人假定下对电力合作的收益与成本内涵与跨期分配问题进行模型设定，形成了合作发生时基于预期的个体收益、相对收益和共容收益的表达式，然后就参与主体追求“个体利益的帕累托改进、最大化相对收益、最大化共同利益“三种不同行为目标为情景假定，并就不同目标下的主体面对的博弈形式所进行成本收益考量及表现的不同行为特点和策略性安排进行了翔实的阐释，基本得出了电力合作存在的可能性与不同目标导向下的成本收益要满足的条件约束等相关结论。

第六章是在双边贸易实质开展的情况下来探讨合作问题，主要讨论的是制度性障碍、资源配置与贸易福利问题。“边境效应”的存在使得增加竞争、提升效率和增进福利的要素自由流动、自由组合的帕累托效应无法顺利实现，因为其显著增加了交易成本。本书基于理论模型检验了制度成本对贸易流量与流向，以及贸易福利的影响，并结合巴西与周边国家、中国与俄罗斯电力贸易中因单方“自私”（非合作）的制度性安排给合作带来的影响进行案例研究。最后，基于电力供应安全的政治考量，从博弈论的视角分析了贸易保护对于理性主体而言是占优的策略安排。

第七章基于合作的困境和制度性障碍的存在，使得构建好的制度（规则）成为逻辑必然。按照“博弈形式—制度安排—行为变迁”的内在逻辑，提出了增进合作的制度安排构想，重点对当前区域电力合作中相关制度安排的经验与教训进行分析，突出了制度安排的共性与异性特征。最后，根据中国电力合作的经验事实，重点分析了中国区域电力合作（GMS）中的问题与相关对策选择。

第八章为研究结论。

第二章　理论基础与文献综述

第一节　理论基础

一、博弈论:囚徒困境与协作博弈

概括而言,由于博弈解决的是个体利益与集体利益相容相悖的问题,所以博弈的形式可以归纳为三种:最大化个体利益的零和博弈,最大化集体利益的保证型合作博弈,以及最大化相对利益的协调型博弈。苏长和(2009)认为,如何实现最优化的公共利益成了协作博弈的关键。或者从最谨慎的意义上说,协作型博弈首先考虑的是怎样将非合作行为转化为合作行为,以实现共同利益,至于一旦这种共同利益得到实现,博弈主体可能会出现分配收益上的纠纷,已不是非合作型博弈面临的主要问题。

(一)个体理性与囚徒困境:非合作与合作的奖励

如果以"合作发生"作为不同博弈场景间分界点的话,那么围绕着成本 - 收益而发生的博弈形式自然就可以分为"合作前"(非合作型博弈)和"合作后"(合作型博弈)。然而,从结果导向来看,所有的博弈均是围绕着如何实现合作而进行的。这就使得合作前与合作后彼此交织影响,即未来偏好或时间偏好直接决定合作进程或合作的领域与深度,也就是说,基于合作产生的净收益的累计值(全部收益)必须足够大,这就使得对于理性的个体而言,未来是重要的或者合作是重要的。如果从时间维度来看,则未来每一期的合作收益应该是一个可预期的“契约值”,如若不然,这些合作就会发生逆反(囚徒困境),这也就从侧面反映了合作更大程度上是一个协作博弈(行动对行动),意味着在行为选择上双方都应该为彼此合作留足空间。基于此,如果说本书全部分析的内容是围绕着如何从非合作博弈走向合作博弈的话,那么本书分析的理论基点就是囚徒困境这一非合作博弈。

为了演绎这一合作进程,本书根据拉塞尔·哈丁在《群体冲突的逻辑》(*One for All*:*The Logic of Group Conflict*)一书中创造性地对协作博弈理论进行发展的内涵,以两种游戏规则来表示电力合作进程中的国家策略性行为(合作与冲突):囚徒困境与协作博弈,博弈双方的对局形式分别如表 2-1 所示。

表 2-1　合作演化进程中的两种博弈形式:囚徒困境与协作博弈

囚徒困境　　　　　　　　　　　协作博弈

<table>
<tr><td colspan="2" rowspan="2"></td><td colspan="2">行动者 B</td><td colspan="2" rowspan="2"></td><td colspan="2">行动者 B</td></tr>
<tr><td>合作</td><td>背叛</td><td>策略 1</td><td>策略 2</td></tr>
<tr><td rowspan="2">行动者 A</td><td>合作</td><td>3,3</td><td>1,4</td><td rowspan="2">行动者 A</td><td>策略 1</td><td>2,2</td><td>1,1</td></tr>
<tr><td>背叛</td><td>4,1</td><td>2,2</td><td>策略 2</td><td>1,1</td><td>2,2</td></tr>
</table>

从博弈矩阵的策略集合来看,在囚徒困境中,行动者 A 和行动者 B 面临的策略只有“合作”与“背叛”两种选择,在对局中则会形成四种组合,然而每种组合的报酬(payoff)或收益却存在差异,如果双方都选择“合作”,则会得到最佳的结果(3,3)。然

而，基于个体理性，在最大化自己利益的情况下，对任何一个对弈者（player）而言，“背叛”无疑具有最大的诱惑（收益4＞3），在此诱惑下，最终双方都会选择“背叛”，得到的结果却是（2，2），显然结果变得相对“糟糕”了。由于背叛诱惑的存在，双方都有动机或被预期去选择背叛对方，企图让别人选择合作而自己实现利益最大化的“机会行为”，最终使合作陷入囚徒困境中。如果扩展到重复博弈，双方也无法通过轮流背叛对方来摆脱“困境”，反而陷入到重复囚徒困境中。基于国家理性人的假定，其在成本－收益的变动中调整着自己的行为，以期实现自我利益的最大化，在集体（双边）行动中，这就很容易造成个体的理性和自我利益的维护并不必然会带来集体利益的最优，相反会造成非合作的囚徒困境，进而影响集体行动的实现。

然而，囚徒困境并不意味着合作不可能存在，罗伯特·阿克塞尔罗德（2007）指出，不同于利益完全对抗的对局情景，“囚徒困境”所表示的情形却完全不同，对策者的利益并不是完全冲突的，双方可以通过合作而得到“对合作的奖励”（3，3），也可以通过“背叛”而得到“对背叛的惩罚”（2，2），所谓的“困境”实质上就是如果双方都背叛，其结果比双方都合作要糟糕得多。这种“合作的奖励”体现在重复的博弈中，假定存在两种博弈（二次博弈）情景，双方的结果一次为（3，3）和（3，3），即双方都选择合作；一次为（4，1）和（1，4），显然这是“一报还一报”式的轮流背叛。从个人报酬或收益来看，行动者A或B选择“合作”的收益为（3+3），而背叛与被背叛的收益则为（4+1），平均到一次收益的报酬来看，则明显有3＞（4+1）/2，即对双方合作的奖励明显要大于背叛对方的诱惑和被对方背叛报酬的平均值，意味着背叛对方和被对方背叛的收益（意味着轮流背叛）并没有合作好。由于存在对合作的奖励，从长远来看或无限次的博弈来看，因选择合作而得到的“奖励”显然比较大。因此，根据理性人的假定，从第一次博弈开始，对于彼此最佳的策略选择就是（合作，合作）。然而，在对方合作的情况下，背叛的诱惑始终是存在的，因为相比于合作的奖励，则有（3+3）/2＜（3+4）/2，意味着对合作方的惩罚或对背叛者奖励。这就意味着双方的合作在后续的博弈中会因净收益的相对变化而发生逆转。综上可以说，囚徒困境既存在着对双方合作选择的奖励，也有在合作过程中面临对弈者被诱惑而选择背叛的策略行为。因此，一个策略在某个相互作用的格局下可能合作，在另一个格局下也可能背叛。

（二）行动对行动：协作博弈与利益共容

一般而言，一个策略说明在任何可能出现的局势下如何去做，而这个局势本身取决于游戏的历史，即一个策略可以巧妙地使用至今为止的对策结果来确定下一步该如何做（罗伯特·阿克塞尔罗德，2007）。如果把上述关系联系起来看，则有（4+1）＜（3+3）＜（3+4），对应的策略分别为（背叛，合作）、（合作，背叛）；（合作，合作）、（合作，合作）；（合作，合作）、（合作、背叛）或（背叛，合作）。基于“历史”，上述三种对策结果则意味着下一次的策略性安排将存在差异，在个体理性的情况下，接下来的博弈格局将表现为以下三种形式：一是（合作，合作）、（合作，合作）、（合作，合作）……二是（合作，合作）、（合作，背叛）、（背叛，合作）……或者（合作，合作）、（背叛，？）、（背叛，？）……三是（背叛，合作）、（合作，背叛）、（背叛，合作）……实质上博弈形式二和形式三可以归集到一种形式，即在首次合作后，行为体的选择可以是两种策略，一是总是“背叛”，一是针锋相对式的“一报还一报”。那么什么才是好的策略呢？答案显然取决于未来的（累计）收益，意味着相比于当前，未来是重要的；如果不用担心未来的利益，那么当前最佳的策略就是“背叛”。事实上，在“囚徒困境”中表现最好的策略直接取决于对方采用的策略，特别是取决于这个策略为发展双方合作留下多大的余地（罗伯特·阿克塞尔罗德，2007）。简言之，就是行动对行动，例如，电力合作中表现为t时期某一国家让渡一定的利益，以换取t+1时期互动国家让渡相关的利益——利益的跨期互换。国家间合作的重要特点就是行动对行动，也就是说，如何从囚徒困境的状态走向谨慎合作的协作状态或博弈是国家间合作的基本特征。

从“合作”的层面来看，协作博弈以彼此策略选择的一致性而表现为“合作”，从博弈矩阵来看（如表2-1所示），对于行动者A和行动者B，当A选择策略1时，B的最优策略选择同样为策略1；当A选择策略2时，则B选择策略2，对应的收益相等且为最优（2,2），此时个体最优和集体最优同时实现。任何一方的不协作行为都会造成整体利益和彼此各自利益受到损害，因为1＜2且（1,1）＜（2,2）。从这一点来看，不同于一方的获益必须以另一方的受损为必要条件的零和博弈，拉塞尔·哈丁（2007）认为，在协作类型的社会策略性互动关系中，一方的获益必须以另一方的获益为必要条件。从电力合作的演进历程来看，其涉及的主体是多元的，意味着博弈格局的复杂性，“合作”存在着不确定性。与此同时，随着电网互联互通规模的扩大，电网已不仅仅是输送电能的通道，而是电力业务的“公共”平台，与电网相连的各个主体通过该平台，建立了一种相互联系、依存、制约的共生关系（刘宝华，2010）。这种“共生关系”从社会理论角度来讲就是“群体认同”或“集体认同”（group identification），转换为经济学语言就是“集体行动”或“集体利益”。在集体行动中，奥尔森（1982）认为集团利益可以分为狭隘利益与共容利益，在此影响下，两类利益集团的行为存在明显差异，其中共容性利益集团往往不损害其他人利益，结果一般是正和博弈。可以说协作博弈的存在会形成共容性利益，在集体行动中，这一不损害他人利益的正和博弈的存在也往往会推动“共容性利益集团”的良性发展。与此同时，在拉塞尔·哈丁（2007）看来，社会与政治生活中所见的主要合作形式，根植于两种明显不同的策略互动——协作与交换，而在许多情况下，比如在斯密的游牧社会的组织以及许多国际关系的问题中，协作更显重要。协作之所以具有逻辑上的优先性，是因为它创造了作为制度、规范和权力的惯例，这种惯例继而催化了进一步的协作和交换。然而，协作虽然会因利益的共容而推进群体合作，完成一些非同寻常的任务，但相形之下，依赖于协作权力的群体的内在灵活性却存在不足，因为它们所指望的是其成员个体的承诺，而且它们的行动必须得非常聚焦，需要人们之间互相强化彼此（共同一致行动）的预期，否则便难以维系这种承诺（拉塞尔·哈丁，2007）。换一个视角来看，在其他因素的影响下某一行动者的不协作（基于理性）在对方选择协作互动的情况下会造成另一方利益受到损害，从而使协作的基础受到破坏，一旦如此，协作就会陷入囚徒困境，再次构筑合作的基础就非常困难。

二、国际关系理论与国际合作

（一）国际关系理论的演变与争议

自由主义国际关系理论是国际关系学科正式建立之后的第一个重要理论流派。实际上，自由主义和现实主义的竞争是国际关系理论发展的一条主线：现实主义是在对自由主义的批判中发展起来的，自由主义也是在与现实主义的竞争中不断进化的，两者的竞争，既推动了国际关系的理论发展，也反映了人们对国际关系世界的认知（秦亚青，2008）。到目前为止，国际关系学科以现实主义、自由主义和建构主义这三个理论群为基础，拥有了自己的核心问题、核心概念和理论框架，并不断扩展自己的研究问题和研究领域（宋伟，2011）。虽然国际关系研究的层面很多，但战争与冲突、和平与合作是国际关系研究的永恒话题和核心内容。合作引向和平，冲突导致战争，如果能够解决无政府状态下的合作问题，也就回答了战争与和平这一国际关系研究的根本问题（秦亚青，2008）。总体而言，不同理论学派均是以国际社会处于“无政府状态”为前提假定的，并在此假定下基于国家利益考量（如生存）的差异性和现实国际环境的变化（如第一次世界大战和第二次世界大战）而演变成对国家利益、国家间合作乃至国际社会秩序构建的认知差异。

从表2-2可以明显看出，不同流派关于推动国际合作的因素和国家利益的焦点存在明显的差异。具体而言，诞生于第一次世界大战之后的自由主义认为“战争是可以避免的，通过建立国际机构，能够促进世界和平”，最为典型的就是美国总统威尔逊的“十四点和平原则”和国际联盟的建立。然而第二次世界大战的爆发致使国际关系学者相信自由主义倡导下的合作和平在无政府状态下注定是理想主义的，因为这个世界本质上是一个利益对抗和利益冲突的世界，道德原则永远也不可能完全实现，国家要实现生存（或利益）必须要依靠更为物质性的实力（或权力），至此，“以权力界定的利益概念成为帮助政治现实主义找到国际政治领域道路的主要路标”（汉斯·摩根索，2012）。由于政治家的思想和行动是从以权力界定的利益出发的，国际政治就变成了权力之争，国际合作变得不可能，在此影响下，传统现实主义也就被贴上了“进攻性”的标签。自然，这种权力最大化的国家利益目标遭到了诸多反对，其中新现实主义者即为其一。与传统现实主义相比，新现实主义者从无政府状态和国家间实力对比的角度出发，更强调安全而不是权力，安全利益构成了其他一切物质性国家利益的基础。除了权力和安全以外，威望（prestige）也成为国家利益的重要内容（宋伟，2011）。由于国际关系理论是在不断争议中向前发展的，新现实主义在扬弃传统现实主义的同时，也受到了新自由主义的批判，但鉴于新自由主义与新现实主义争论的焦点集中到国际合作上，分别从两种理论流派关于国际合作的非常重要的理论假设出发来比较分析彼此的异同是合适的。

表 2-2　国际关系理论的演进与各流派关于国际合作问题的主要观点

国际关系理论流派	理论主导时期	主要代表性观点	代表人物
传统自由主义	第一次世界大战之后与第二次世界大战之前	人性可以改造，战争可以避免，利益可以调和；通过合作实现和平，建立国际机构，保护世界和平；国际法和国际公约可以保证世界和平，公众舆论也可以确保世界和平。	伍德罗·威尔逊 约翰·莫里
传统现实主义	第二次世界大战后至 20 世纪 60 年代	一切政治活动均为攫取权力的活动，国际政治就是权力之争，国家利益只能用权力概念加以定义。	汉斯·摩根索
新现实主义	20 世纪 60 年代至 20 世纪 70 年代中期	不再过分突出"权力"和"国家利益"，比较重视"均势"和"世界秩序"，认为"扩大经济合作，发展多边关系"有利于克服世界无政府状态。	肯尼思·华尔兹 斯坦利·霍夫曼
	20 世纪 70 年代后期	世界由"互动的"国家组成，国家追求权力本身不是目的，而是实现国家目标的有用手段，国家追求的最终目标是安全而非权力。国际合作是"更难实现、更难维持和更依赖于国家权势"，而且更加关注相对收益。	罗伯特·吉尔平 罗伯特·利伯

续表

新自由主义	20世纪70年代中期至90年代中期	强调无政府状态对国家行为的严格限制作用；国际合作是可以实现的；关于绝对收益和相对收益，更强调绝对收益的最大化；关于国家的优先目标，认为国家安全和经济福利二者都很重要，关键是何者更为重要；相比于新现实主义强调能力，其更强调意图、共同观念、利益和信息；强调制度和体制的重要性——具体体现：考虑到多数政治经济交往活动的复杂性和不确定性，可以认为合适的观念是协调参与者预期和行为的关键机制。	罗伯特·基欧汉 约瑟夫·奈
建构主义	20世纪90年代以来	世界观是理念主义，认为社会的基本事实是社会意识的本质和解构。强调社会文化结构、认同、制度、观念（意图）对物质的能动作用，并不忽视观念的物质基础和基本物质事实。国际体系的政治文化核心是国家与国家之间的角色关系——“敌人、对手还是朋友”。在利益和道德问题上，社会建构主义持一种开放的态度，即国家的外交政策倾向于利益还是道德取决于该国的认同，以及该国与其他国家之间的角色关系，同时对国家利益的认知会随着政治文化的不同而发生变化。	亚历山大·温特

资料来源：根据张宇燕等（2008）、宋伟（2011）、秦亚青（2008）和亚历山大·温特（2008）等资料整理所得。

(二)现实主义相对收益与相对实力的理论假设

在国际合作中,国家对于绝对收益和相对收益的偏好是非常重要的理论假设(王静,2010)。其中绝对收益是指自己的净收益,而相对收益指的是相对而言的利益分配格局(宋伟,2011)。从表2-2可以看出,相比于自由主义,现实主义者更关注相对收益。对相对收益所持的不同态度,深刻地影响了自由主义与现实主义理论体系对国际合作问题的演绎和推理过程,进而影响对国际合作问题的结论(刘青建等,2009)。在现实主义看来,"当面对共同获益的合作机会时,感觉到不安全的国家首先会关注收益如何分配,其迫切想问的不是'我们都会获益吗?',而是'谁将获益更多?',更进一步,获益少的国家将会实施旨在破坏合作的政策"(Waltz,1979)。也就是说,即使经济合作或者其他目标能在一定程度上为本国带来相应的利益,但如果这一合作导致其他国家获益更多,那么也不可行(宋伟,2011)。之所以会出现对相对收益过分的关注,是因为在自助的世界体系中(self-help system),国家更关注其自身的安全或生存。换言之,在无政府状态下,"国家担心今天的朋友可能变成明天的敌人;担心今天共同获益中获得优势的朋友可能成为未来更为危险的潜在敌人"(约瑟夫·格里科,2001)。基于此,事实上至少是不安全的情况(一方对另一方未来的意图和行为的不确定性)将会阻碍双方的合作(Waltz,1979)。当然,对相对收益的担心并不意味着合作绝对不可进行,关键在于非安全目标与国家的安全目标不能冲突,能互相促进最好,如果出现冲突,安全目标一定会优先于财富或者其他目标(宋伟,2011)。Snidal(1991)也指出,国家间在合作中对相对收益的关注取决于合作的数量，当参与主体为两个时，彼此就会特别关注相对收益，从而影响合作；当主体增加时，相对收益对合作的阻碍作用就会减小。

与此同时，与相对收益受到关注一样，在现实主义看来，相对实力成为国际社会无政府状态下决定国家事件结果的主要因素。例如，相对实力决定了国家利益的范围。现实主义者在实力的绝对性和相对性这一点上抱有广泛的共识，即相比于绝对实力，相对实力更为重要，而且对相对实力的变化极为敏感。基于推理，实力分配结构的变动意味着各国相对实力地位的变动，实力地位的变动影响单个国家之间的能力对比，进而影响国际政治谈判与战争结果，甚至国家生存与安全。所以世界实力格局的变迁牵动着每一个国家的神经，也往往意味着体系的稳定性、国际制度和国家间相互依赖程度的变化。换言之，国际结构决定了国际体系的稳定性，如多极均势。

（三）自由主义合作绝对收益的理论假设与地区一体化理论

早期自由主义者和功利主义者曾设想在社会中客观存在一种利益的和谐。这一假设也被应用于国际关系。自由主义中的功利主义学派代表人物约翰·穆勒认为，国家间的利益关系本质上是和谐的，必须通过合作才能实现国家利益（宋伟，2011），"'一个国家除非从所有其他国家的利益出发，否则无法获得利益；即使能够获得，也不应该去谋求'，这就是自由主义论点的要旨"（华尔兹，1991）。这一国家利益关系本质也影响了后续的自由主义者，例如，新自由制度主义强调国家因为关心绝对收益，所以可以进行国家间实质性的合作（刘青建等，2009）。然而，关注他国利益并不意味着不重视国家利益，“自由主义者观察世界政治的角度仍然更多通过国家利益而不是抽象道德，大多数自由主义者相信，国家有自己的利益，也有自私的一面，可能出现冲突，但可以通过合作来促进彼此的利益（可能是经济利益，也可能是安全利益）”（宋伟，2011）。同时，又常常赋予国家某种优越的道德角色，例如热爱和平与合作，厌恶战争与冲突。因此，自由主义者始终相信，国际社会的未来不一定如现实主义者所宣扬的那么悲观，因为“人类有能力认识自己的正确目标、追求合理和合适的利益，并有可能通过合作而不是冲突和战争达致这些目标”（Zacher & Matthew，1995）。

由于坚持国家间的利益是和谐的，相信通过某些领域的合作，以及从中得到的互惠将可以使得这些合作形成习惯而自动扩展到其他部门，以此形成跨政府联盟就成为了功能主义地区一体化理论的基本思路。然而，针对“已有的合作如何‘自动地’扩展到其他领域”这一问题，功能主义者又加入了“外溢”（spillover）和“超国家性”（supra-nationality）等新的核心要素，即一体化的过程既需要政治性的“超国家机构”来推动，又需要合作“外溢”而扩展合作进程（从功能性合作扩展到政治性合作）。这一外溢扩展进程被形象地表述为“最初在一个领域进行一体化的决策外溢到新的功能领域中，并且涉及的人越来越多，政府间在要求下接触和磋商也越来越多，以便解决那些由一体化初期达成的妥协而带来的新问题”（Haas，1961）。因此，注重从“低级政治”的技术性、功能性合作，到建立国际性的协调机构等“高级政治”的合作，功能主义一体化推论对于如何具体拓展自由民主国家之间的合作提供了新途径。

（四）新自由制度主义与国际制度理论

既然世界处于无政府状态，那么以国家为主体提供的公共产品在国际体系中应该由谁来负责？什么因素又能担负起类似的责任？基于这些问题的回答，以罗伯特·基欧汉为代表的自由主义学者提出了自由制度主义理论（Liberal Institutionalism），主张通过强有力的国际制度来提供国际和平和合作的公共产品（宋伟，2011）。与此同时，“在不确定性很强时，以及行为者接触信息的能力存在差别时，集体行动和战略估测的障碍，也许会阻止它们认识到彼此之间存在的共同利益”（基欧汉，2006），如果缺乏政策协调和机制保障，虽然存在“共同利益”，那么合作也很有可能失败。基于此，新自由主义者继承了传统自由主义者对宪政、法治、国际法等制度性因素的重视，并重新从国际制度可能发挥的功能的角度创造了新自由制度主义理论体系（宋伟，2011）。

一开始，大多数自由制度主义者使用“国际机制”（International Regime）作为核心概念，其最初的含义是“某个特定国际关系领域中一系列的社会制度，围绕着这些制度，行为体的期望趋于一致”，具体而言，包括原则、规范、规则和程序（Keohane，1988）。鉴于以“国际机制”的概念来建构理论面临范围过窄的局限性，“国际制度”（International Institutions）在随后的研究中被更多地应用。基欧汉区分了三种形式的国际制度：一是正式的政府间国际组织和国际非政府组织；二是国际机制；三是国际惯例（宋伟，2011）。从功能来看，在修正后的制度主义理论中，国际制度——从正式的国际组织到非正式的国际惯例——都可以在国际关系中发挥降低交易费用、促进合作的作用。强调国际制度及其实践对国家行为的影响，不仅肯定了国家作为行为者其行为会强烈受到国际环境所决定的限制和激励因素的影响，而且更为凸显了其与结构现实主义的差异与区别。因此，从“国际机制”到“国际制度”既是一种研究策略的转变，也意味着国际制度主义是继复合相互依赖理论和功能性机制理论之后的又一次理论拓展（石斌，2005）。

三、公共选择理论与集体行动

不同于政治学研究人在政治领域的行为，经济学研究人在市场中的行为，公共选择理论可以被界定为是对非市场决策（或集体行动）问题的经济学研究。虽然公共选择理论的主题是国家理论、投票规则、投票人行为、政党政治等，但其方法论仍是经济学的，其基本假定是“人是自我的、理性的和效用最大化的”（缪勒，2010）。

（一）个人理性、集体理性与集体行动的逻辑

组织或社团的存在是为了增进其成员的利益这一思想在经济学中既不新鲜，也不特别。正如可以假定一个组织或一个集团的成员拥有共同利益，他们显然也拥有不同于组织或集团中其他人的纯粹的个人利益（奥尔森，1995）。同时，奥尔森认为，市场并非总能够引导个人理性实现集体理性，究其原因，主要包括公共产品的特性、搭便车和囚徒困境等（张宇燕等，2008）。这里结合图 2-1 来阐释这一个体理性与集体理性相悖的内在逻辑。根据奥尔森认为小集团与大集团按照截然不同的原则运作的假定，

首先从小集团的视角来解释。

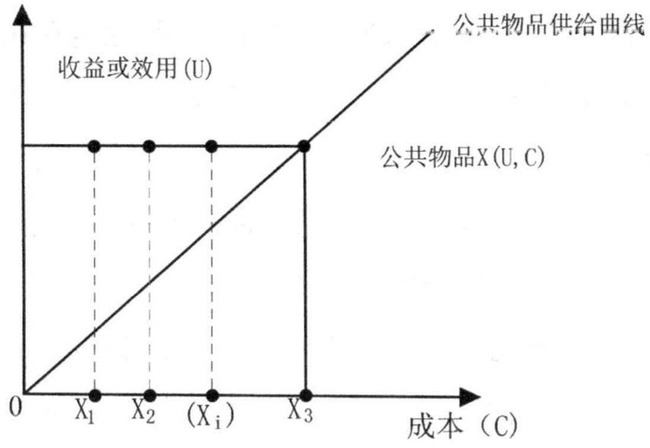

图 2-1　公共物品与个体的“搭便车”行为

假定由三个行为体组成一个“小集团”，分别为 X_1，X_2，X_3 共同提供一个公共产品 X（U，C），满足 $\partial X/\partial C>0$，其中 U 表示公共物品的效用，鉴于其消费的无排他性，认为其带给每一个人的效用或收益是一致的，即 $X_1(U)=X_2(U)=X_3(U)=U$，C 表示提供这一公共产品（或实现集体共同利益）需要付出的成本加总，按照成本分担原则，则有 $C(X_1)+C(X_2)+C(X_3)=C$。基于理性人和公共物品消费的非排他性，造成 $C'(X_1)+C(X_2)+C(X_3)=C'<C$，由于 $0\leqslant C'(X_1)<C(X_1)$，显然 X_1 是“搭便车”（free-rider）的，并且由于 X_1 的个体理性造成了公共产品供给不足（或共同利益无法实现），即个体理性造成集体非理性。在此情况下，要实现 X_1 采取集体行动（即承担 $C(X_1)$），则需要“选择性激励”。“这些‘选择性激励’既可以是积极的，也可以是消极的，就是说，

它们既可以通过惩罚那些没有承担集团行动成本的人来进行强制，也可以通过奖励那些为集体利益而出力的人来进行诱导。”（奥尔森，1995）接下来考察大集团情况，假定存在 N 个行为体来实现集体利益，根据上述分析思路，为了实现 X（U，C）这一公共产品的供给，则要求 $C(X_1)+C(X_2)+\cdots+C(X_i)+\cdots+C(X_N)=C$，同样基于个体理性和公共产品消费的非排他性，在公共产品的成本负担上出现 $C(X_1)+C(X_2)+\cdots+C'(X_1)+\cdots+C(X_N)=C''<C$，人员增多，“搭便车者”就会显著增加，加之无法提供有效的“选择性激励”（无法确定谁是搭便车者，或监督成本太高），会使得个体支付意愿降低的倾向增加，造成“集团越大，它提供的集体物品的数量就会越低于最优数量”，显然有 $C''<C'<C$。“在小集团中存在着只能提供低于最优水平的集体物品的倾向，而集团中个体数量越多，则离最优水平越远”的情况下，不难比较发现小集团能够更好地增进其共同利益。由于搭便车会造成集体非理性，要实现集体理性，奥尔森指出了可以通过选择性激励的方式来推进个体采取集体行动，同时，比起大集团，小集团更容易实现集体行动。因此，可以说集体行动难以实现的根本原因在奥尔森看来是行为者的“搭便车”动机，具体而言，就是“尽管集团的全体成员对获得这一集团利益有着共同的兴趣，但他们对承担为获得这一集体利益而要付出的成本却没有共同兴趣，每个人都希望别人付出全部成本，而且不管他自己是否分担了成本，一般总能得到提供的利益”（奥尔森，1995）。

（二）公共物品与俱乐部产品

萨缪尔森认为，公共物品（public goods）是指这样一类商品："将该商品的效用扩展于他人的成本为零；无法排除他人参与共享。"由于其具有正外部性，私人提供常常存在不足。马斯格雷夫基于萨缪尔森的定义，进一步明确了公共物品的属性特点，即消费上的非竞争性和消费的非排他性（马珺，2012）。简言之，"由于公共物品供给的连带性以及排除他人消费的不可能性或无效率，一旦它被提供给某些社会成员，就使得排除他人的消费成为不可能或无效率"（缪勒，2010）。由于无法排他就会为个体的不合作行为提供激励，因此"搭便车"现象存在，严重时造成公共物品供给不足。两种特性的同时共存造成了集体行动问题，一方面共同获益有利于促进集体合作行为，但另一方面排他性的缺失造成个体的非合作行为。相似于一国之内的公共物品提供的缘由所在，跨国外部性的大量存在使得探讨国际公共物品成为逻辑必然。正如世界银行所指出的，具有跨国外部性的产品、资源、服务以及规则体系或政策机制不断出现，这些产品（被称为全球性公共产品）对于发展和减少贫困十分重要，并且只有发达国家和发展中国家的合作和集体行动才能充分供给。奥尔森（1971）在国际研究领域较早使用"国际公共产品"概念，并从国际公共产品角度分析了提高国际合作的激励机制：一是在国际政治经济规则的提供中，合乎理性的结果就是让大国承担更多的责任和义务；二是在国际组织的协调下，由各国达成集体行动，一起承担提供公共产品的责任。

推动布坎南研究“俱乐部物品”（club goods）理论的动因之一正是其认为，“即使物品的非竞争性消费程度是可辨别的，随着消费这一物品的集团规模以及产权结构的变化，物品的非竞争性消费特征也不可能保持稳定”（马珺，2012）。当对供给公共物品的成本没有作出任何贡献的那些人被排除在其消费群体之外时，就潜在地存在一个自愿提供公共物品只供自己消费的群体，这个群体就是“俱乐部”，其提供具有消费的排他性和弱的非竞争性（会产生拥挤效应）的产品，即“俱乐部产品”。在布坎南看来，“成本分担、收益共享”可以说是经济俱乐部最大的好处（张靖会，2012）。“拥挤效应”在带来成员边际收益递减的同时，也意味着存在“最佳”的成员规模。根据成本分担原则，在总成本固定（F）的情况下，分配到个人的俱乐部产品购买（或供应）的平均成本随着规模的扩大而下降，意味着第 i 个人带给前 i-1 个人的边际收益为其承担的平均成本，即 F/i，显然 i 越大，其带给他人的额外收益明显是下降的。随着规模的扩大，成员所获得的边际收益是递减的，而同时由于人数的增加而带来的拥挤效用（边际成本）却呈现递增的趋势。因此当边际收益等于边际成本时，俱乐部达到最佳规模。基于个体理性，如果俱乐部产品带来的边际收益低于边际成本，在大量可供选择的俱乐部存在的情况下，其会退出该俱乐部而加入对其更具吸引力的俱乐部，或促使其创立一个新的俱乐部。这种俱乐部间为了保持规模（防止退出）和扩大规模（吸引加入）的竞争循环往复，使得“俱乐部根本不存在规模和利益的稳定分配”（缪勒，2010）。

第二节　文献综述

一、国际关系理论关于国家间合作研究的理论综述

一般来说，国际关系理论都将行为体之间的合作视为和平的重要条件，所以，具有主权的行为体在无政府国际体系中的合作就成为一个理论的核心问题。然而，不同理论流派拥有不同的理论架构体系（逻辑的完整性），使得对于国家间的“合作”存在不同的认知。例如，传统现实主义者是行为主义者，其认为国际结果（包括合作）是由行为单元——国家的决策所决定的。基于此，这里结合不同理论流派的研究视角，从合作的可能性、合作的必要性、合作的障碍或影响因素对国际关系理论研究进行梳理归纳。

（一）自由主义关于国际合作的理论综述

不同于现实主义认为国家安全和相对收益的考量下很难开展合作，自由主义者对合作持有乐观的预设。自由主义的一个核心始终是如何在无政府条件下进行国际合作，简单地说，自由主义国际关系理论的关键词是“理性合作”，核心问题是无政府状态下理性行为体为什么合作（秦亚青，2008）。具体而言，“纯粹的基于效率和利益的方法不能单独解释国际合作问题，其只能在事后说明为什么所出现的合作形式具有帕累托效率，因此，参与者能够‘理性地选择合作’”（杰弗里·加勒特等，2005）。

自由贸易、经济相互依赖促进国家间合作共赢的思想，以及

威尔逊理性主义计划中所体现出来的对国际组织、国际法的重视，都为后来新自由制度主义的出现奠定了基础（宋伟，2011）。新自由制度主义者把“合作”定义为行为体之间有着利益冲突，但在协调政策之后，行为体的行为符合相互的利益，可以说只有在既有利益冲突又有利益趋同的复杂情况下“合作”才会出现（秦亚青，2008）。因此，新自由制度主义对合作的这种定义实际上具有双重含义，既承认了国际合作的困难，也指出了合作的可能。这种既困难又可能的状态构成了新自由制度主义的基本理论框架（Keohane，1989）。显然，这一框架的核心部分是国家间的利益趋同，即国际关系中国家利益趋同（或拥有共同利益）的情形构成了彼此间进行合作的基础。与此同时，基于囚徒困境理论，未来是重要的成为博弈主体的“共同知识”时，在无政府的国际体系中追求自身利益的国家之间是有可能实现合作的，加之出于报复（或被报复）和失掉声望（信誉）的担心，各国将愿意选择集体行动而不是“搭便车”（杰弗里·加勒特等，2005）。

相比于新现实主义强调能力，新自由主义更强调意图、共同观念、利益和信息的作用，并将其扩展到国家间的合作上。更精确地说，观念、社会规范、制度和共同的预期既可以影响参与者选择合作的方式，也可以影响这些安排在长时间中的稳定性（杰弗里·加勒特等，2005）。虽然多数协议是不完善的并潜藏着可能的冲突，但协议精神的“共同信念”对维持合作显然是至关重要的（Kreps，1990）。在杰弗里·加勒特等（2005）看来，制度还可以通过提供关于参与者何时背叛的重要信息、解决由于不能预见的情形所造成的困难等，来缓解潜在的由于概念模糊所引起的合作中断。

与关心合作会发生一样,新自由制度主义同样对"为什么参与双方存在合作的基础而在许多情况下却没有合作的行为?什么条件可以使双方实现合作?"极为关注。关于"合作失败"的原因,新自由制度主义认为主要是与"国际行为体在相互交往中的欺骗行为以及各方对于对方欺骗行为的担心"密切相关的,其讨论最多的关于欺骗行为的三个原因是:一是博弈的支付结构(既有利益冲突又有利益趋同的博弈形式);二是未来重要性的程度;三是非互惠的单方面合作行为(秦亚青,2008)。

(二)现实主义关于国际合作的理论综述

传统现实主义者认为,在一个无政府体系中,由于不存在体系的最高权威机构,国家的生存只能依靠自己,国家的最高利益是生存利益,安全就成为其核心利益。Lipson(1984)的实证研究证实了相比于经济领域的合作,在安全领域的合作则更为困难。同时,相对收益的考虑同样会对国家的合作行为构成一定的阻碍,即使是在经济合作领域(Mastanduno,1991)。这是因为在现实主义看来,国家安全是国家最重要的利益。由于国家首要考虑的是自身的生存与安全,在合作过程中,如果一方获益总是超过另一方,双方的实力差距就会逐渐拉大,一旦今天的伙伴变成明天的敌人,自己的生存安全就会受到威胁。因此,在合作中国家既关心自己的收益,更关心对方的收益是否大于自己的收益,也就是说,相对收益是国家的第一考虑(Grieco,1990),所以在现实主义者看来,自由主义的合作存在局限性。由于将国家的根本利益界定为生存利益，将国家间关系的实质界定为冲突（秦亚青，2008），即便是温和的现实主义者，也认为国际体系的实质是竞争，各种各样的合作都是暂时的和非根本性的（Grieco，1988）。然而，由于相对收益理论假设的局限性体现在相对收益理论的假设和结论解释力不足，所以其不能有效地解释现实国家间广泛合作的事实（刘青建等，2009）。

（三）建构主义关于国际合作的理论综述

在肯定物质力量的意义和人是有意图的行为体的基础上，建构主义认为“文化是权力和利益理论的可能条件”，而“政治文化是国际体系结构最根本的事实，它使权力具有意义，使利益具有内容”（亚历山大·温特，2008）。在文化与合作的关系上，“体系中共有观念或文化的程度与合作程度之间没有关系”（亚历山大·温特，2008）。换言之，冲突不是物质主义的表征，合作也不是理念主义的表征。在温特看来，无政府状态下国际体系中的文化表现形式可以分为三种：霍布斯文化、洛克文化和康德文化，不同的文化形式赋予了行为体不同的主体位置格局（subject position），不同文化下对应的主体位置具体为：霍布斯文化——“敌人”，洛克文化——“对手”，康德文化——“朋友”。行为体彼此认知的过程分成“发出信号、理解、做出回应”三个步骤，也就是所谓第一次相遇的假设，如果行为体A在最初发出善意的信号，得到行为体B善意的回应，并进一步给予善意的答复，那么双方就会形成“朋友”的角色认同；反之，则互为“敌人”（宋伟，2011）。不同的主体位置反映不同的行为取向：“敌人”意味着“相互威胁”;“对手”的姿态是“相互竞争”;“朋友”的姿态是“相互结盟”。因此,无政府体系的结构和趋势取决于三种角色(敌人、对手、朋友)中哪一种在体系中占主导地位,虽然不能确保国际时间(international time)会朝着康德文化的方向发展,但是至少它不太可能倒转(亚历山大·温特,2008)。可以看出,建构主义者对无政府状态下的世界体系是持乐观主义倾向的,显然不同于现实主义悲观色调。同样不同于现实主义不断增强权力和相对利益来实现国家安全的主张,建构主义认为行为体要通过自我约束和尊重差异来保证安全(郭关玉,2005)。

二、国际贸易理论与能源合作研究综述

(一)国际贸易理论的演化——国家合作博弈

国际贸易的演进历程从行为主体的视角来看,既是微观层面个体逐利带动的结果,也是宏观主体国家间博弈行为的体现,即“宏观主体在政治市场的国家主义行为”(庄惠明等,2008)。对贸易利益的追求是把各个不同贸易理论贯穿起来的最为本质的东西,贸易使国家获益才是经济学家对于贸易理论的基本着眼点(姚立新,2000)。贸易理论对贸易利益的分析最终演化到对国家利益的分析,甚至对国家利益(如安全与发展)的关注将成为国际贸易理论创新的必由之路(姚立新,2000)。由于国家主义的维度是竞争和合作,以国家利益出发的分析视角,一方面造成了国家界线存在下的国家间的竞争,另一方面,旨在获取贸易收益帕累托改进的合作行为成为现实选择,国际贸易理论也由国与国

之间的竞争博弈转到合作博弈的分析上。因此，以国家间相互依存、相互协调为理论前提假定的基于国家间合作博弈分析的管理贸易和共赢贸易理论是贸易理论演化的必然，从合作与竞争的演进逻辑来看，国际贸易理论的演化路径可以归纳为四个方向（庄惠明等，2008）（见图 2-2）。

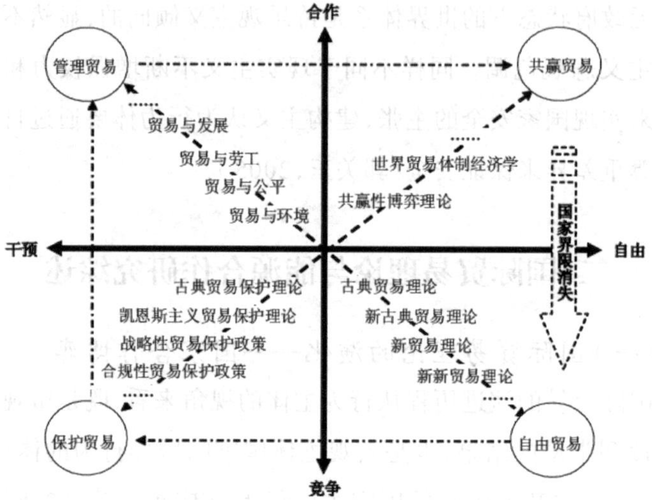

图 2-2　国家视角下的国际贸易理论演化路径

资料来源：庄惠明等（2008）。

（二）能源安全与能源合作研究综述

能源安全是一个重要问题，即使今天依然如此。但不同于以往的内涵，能源安全不再是一个单纯的孤立事件，而是关系到国家间的重要关系和彼此间的交互情况（Yergin，2006）。在世界体系日益相互依存的今天，能源安全问题的跨国性和综合性问题日益凸显。在经济全球化背景下，世界各国的能源安全不是彼此分割和相互对立的（史丹，2013）。能源安全是一个公共物品，不仅关系到购买者的收益，而且也与非购买者密切相关（Bielecki，2002）。能源相互依赖和日益增长的能源贸易规模要求生产国与消费国不断增强合作以确保整个供应链的安全（Yergin，2006）。欧盟开发出一系列项目用来促进能源合作以此提升能源安全，协同项目（Synergy program）就是其中之一，包括同能源生产国和出口国加强对话，支持在第三国投资用于能源生产和输送的有利环境，以及促进能源过境国实施能源宪章条约（Energy Charter Treaty）（Bielecki，2002）。2006年成立的旨在实现能源政策的协调和增强区域合作的上海合作组织能源俱乐部（Energy Club），在确保区域能源安全和加强能源贸易上取得显著成效（Matusov，2007）。

然而由于能源具有政治、经济和外交属性，国际能源合作在带来巨大收益的同时，也存在着很多风险。这种风险既有系统内部风险也有外部风险，其中内部风险包括主体决策风险等，外部风险则有外部环境风险和合作伙伴因素。例如，能源合作主体实力的不对等（单卖多买）很容易造成机会主义风险（opportunism risk）（Wang et al.，2012）。同时，在王等（Wang et al，，2012）看来，合作风险的存在使得形成有利于促进不同行为主体采取共同行动的制度安排极为重要，在合作的早期阶段要注重合作理念和相互信任的培养；随着合作的深入要注重减少利益分配的冲突，增强合作的预期。由于能源的政治属性比较凸显，在合作的进程中往往因为无法通过政治考量（political scrutiny）和缺乏系统性的方案使得区域合作难以实现，造成合作仅停留在以双边合作为主的低层次阶段（Srivastava & Misra，2007）。

三、电力合作问题研究综述

从实践层面上来讲，从1901年美国与加拿大实现电网互联起，通过跨境电网互联（interconnector）而实现国家间电力交易（power exchange）已有100多年的历史。20世纪80年代以来，在"自由化"浪潮的推动下，各国开始了电力产业的市场化改革，过往纵向一体化的国家垄断经营模式被按照"打破垄断、提高效率"的改革思路拆分成四大业务环节，即发电、输电、配电和售电，并在此基础上形成了不同的电力市场结构。电力部门被分拆尤其是输电网络的公开准入，为旨在促进电力资源优化配置的跨境电力贸易的积极开展提供了重要契机和实施条件。电能的不可储存性和电力供求市场的实时平衡性要求，加之电力产业自身的成本弱增性的特点，使得电力市场的"边界"远远大于行政地理边界或者电力市场的边界线已经超越了授权区域和州的边界线（萨利·亨特，2004）。随着国家交往的扩大和经济全球化趋势的纵深发展，电力贸易已经突破国土的疆域和原有狭窄的交易市场，不再局限于垂直统一的国家或地区和封闭或半封闭的市场，而是日益演化为一个开放的国际市场（刘彦，2008）。与此同时，近年来，对于能源安全的担心不仅局限于石油，美国东部与西部海岸、欧洲、俄罗斯的大停电，以及中国、印度和其他发展中国家长期存在的电力短期已经引发了对电力系统可靠性的担忧（Yergin，2006）。基于此，如何保障电力供应安全和促进国家电力合作与贸易的研究愈发成为能源合作问题的新着眼点。

（一）电力合作的特殊性

电力作为一种商品，其贸易具有自身的特点，其中之一就是买卖双方的地缘性（李少源，2008）。“贸易”这一术语的完整意义（或内涵）应该是，买者和最低成本供应商之间在不受地理范围约束（irrespective of geographic location）的情况下进行的即时而又具竞争性的交易。严格地说，并不存在电力贸易（Charpentier & Schenk，1995）。不同于一般商品的运输方式，电力企业只有首先获得互联电网的物理容量才能参与到跨境电力贸易中来（Gebhardt & Hõffler，2010），跨国互联电网的发展为跨国电力交换提供了物理基础（宋卫东，2009）。电网的互联互通直接促进了电力的跨境交换，电力市场的边界线已经超越了授权区域和州的边界线（萨利·亨特，2004）。对区域电力市场边界的界定却是一项艰巨的任务：一方面取决于国家和跨境输电容量、联网阻塞以及峰荷需求情况；另一方面，更为关键的是区域或广泛意义上的电力市场与国家边界（狭义的国内电力市场）之间会发生重叠，并有可能会交叉于不同的区域结构中，即所涉及的国家在政治经济活动上分属于不同的地域（Karova，2011）。由于“边境线”界定了政治和法律管辖范围，而这种界定对市场的分割与运输成本或边境税所起的作用几乎一样，这就是所谓的“边境效应”（丹尼·罗德里克，2009）；“边境效应”的存在，加之电力市场不局限于国家边界内，使得电力贸易（跨境贸易）的复杂性远远大于同一区内的交易（萨利·亨特，2004），电力贸易需要精心的组织架构和相互协调（Charpentier & Schenk，1995）。

因此，电力的技术经济特点要求贸易的“地理毗邻性”，在电力市场无边界的情况下，主权边界的存在既造成了“边境效应”，也分离出了不同主权色彩的“行为主体”，行为主体的相互作用，在许多重要方面已日益影响贸易关系（罗伯特·吉尔平，2006），“跨境”电力合作显然成为不同主体间的博弈形态。“无形的”更大范围的市场与有形的相对有限的主权边界，这一看似矛盾的现象融入电力贸易的特殊性之中而使电力贸易充满了复杂性和不确定性。对于这一点的忽视，造成了在当前研究中没有出现针对主体行为的视角来研究或探究电力合作背后机理或主体的行为动机。

（二）电力合作的原因与条件

针对电力贸易开展的原因研究，主要是结合电力合作的必要性和重要性来进行的。具体而言，当前研究认为电力合作或贸易开展的主要原因可以概述如下：一是电力系统安全性与可靠性以及能源安全的需要。如用于紧急支持，满足峰值负荷要求（韩宝庆，2006；Saroha 等，2012）。二是有利于更大范围内实现资源的优化配置，降低电力系统投资与运行成本（Bahar & Sauv-age，2013；王玮等，2005；肖鹏，2005；李瑞庆等，2009）。三是促进电力市场改进与增进竞争程度和提升效率的需要（Geb-hardt & Hõffler，2010；韩宝庆，2006）。四是其他贸易收益的推动，如环境收益、经济收益等，巴哈尔和索瓦热（Bahar&Sauvage，2013）认为，跨境电力贸易是解决可再生能源间歇性问题的主要手段之一，因为它使各国能够获得更多元化的电源组合，跨越更广泛的地理区域进行生产。

针对电力贸易开展的潜在收益，相关的研究也对其实施的可能性或贸易条件进行了讨论。世界银行(2008)指出，电力贸易的有效开展需要做到以下方面：一是贸易的潜力和相关收益的评估；二是输电走廊和技术的选择(如高压交流电技术和高压直流电技术的平衡问题)；三是制度、金融和规则问题，尤其是输电容量的投资和分配、电力调度的协调等；四是风险最小化策略；五是政府间协定。巴哈尔和索瓦热(2013)也指出，互联的电力市场需要规则的协调。构建统一的合作平台对降低GMS国家间电力交易成本，有效规避电力贸易风险显得尤为必要(程俊等，2013)。针对区域电力市场建设的思路，“首先通过建立一个结构相对松散的互联互通电力市场，然后逐步培育市场成员的市场意识，进而随着市场的不断开放，在市场成员的推动下，自发地过渡为区域统一市场”(李瑞庆等，2009)。关于贸易主体参与对象多寡对于区域电力合作的实际影响，沙彭蒂耶和申克(Charpentier & Schenk，1995)指出，当前绝大多数的交易是在双边协定的安排下进行的，并且经常是以长期合约的方式。双边跨境电力贸易不仅是一个自然的起点，也是区域贸易，甚至是发展良好的多边区域市场中的一个重要的长期性特点(World Bank，2008)。

(三)电力合作障碍性因素的研究

电力商品的特殊性，也使得国内外对电力贸易制约因素的研究成为重点。巴哈尔和索瓦热(2013)指出，鉴于电力市场仍旧是由具体国家根据相关的规章和制度来设计的，跨境电力贸易需要国家间协调与沟通，这些贸易限制因素的清理，将会有助于提升跨境电力贸易的潜力。加拿大与美国之间的电力贸易在过去十年间波动很大，一个关键性的因素是电力公用事业机构仍被管制，使得进入彼此国内电力市场较为有限（Plagiannakos，2000）。同时，普拉吉安纳科斯（Plagiannakos）也指出，随着美加电力市场的开放，环境规制政策将会影响跨境电力的流向。能源共同体条约要求东南欧国家在电力方面的其他义务可概括如下：确立共同的全国电力市场的运作规则，并建立危机情况下的保障措施机制；建立区域电力市场，禁止电力的进口和出口税收与数量限制，与其他国建立贸易共同规则；以及开放市场（Karova，2011）。为了应对增加的跨境交流，欧盟实施了 1228/2003/EC1 法规，其目的是设置跨境电力交换的规则，还建立了一个输电系统运营商间的补偿机制框架（Årdal，2009）。归纳上述研究内容，不难发现，当前影响电力贸易规模或流向的主要因素可以归结为制度性因素。一方面，已有制度的国别差异性影响了开放进程，如电力产业的管制规范；另一方面，缺乏针对有效开展电力贸易的制度规范造成因制度空白而影响贸易。世界能源理事会（World Energy Council，2007）指出，通过法律安排来解决制度相容、运营义务和责任协议等问题是跨国电力互联有效运行之前的主要任务。此外，除了制度性因素，其他影响因素主要为物理限制、技术限制、金融约束等（如表 2-3 所示）。

表 2-3　已有研究中有关电力贸易中的其他限制性因素

限制性因素	文献来源
较强政治意愿的支持	Burgos（2007）； Karova（2011）
电力是战略性资产，需要由国家(或国有公司）实行管控以实现自足	Charpentier 等（1995）
输电距离的远近将决定其经济合理性，若线损分摊太大，将不利于跨国电力贸易的合作	范思立（2006）
电力贸易也受电力生产的客观条件影响——以水电为主的电源结构，使得丰水期时会出现电力盈余，可向国外出口电力，而枯水期时则会出现电力供应不足，需从国外进口电力	程俊等（2013）
缺乏市场主体、人力资源和电力基础设施配套	Ram 等（2007）
交互电网建设的滞后；输电容量限制或分配合理与否，输电容量拍卖机制的差异性和不透明性；贸易成本的大小、进口关税、无效互联、市场设计、监管问题以及交易费用、许可证要求等	范思立（2006）； Bahar 和 Sauvage（2013）； Karova（2010）
国家对于各自在资源开发及贸易分工中的定位的不同理解	韩宝庆（2007）

资料来源：根据已有研究文献整理所得。

（四）电网互联或电力贸易结果（或意义）的研究

基于已有研究文献，当前对电力贸易结果的研究更大程度上是贸易开展原因的逻辑推论，即电力贸易开展的原因或重要性成为贸易开展的“预期结果”。当然，也有研究对贸易结果进行了辩证的分析。古德曼（Goodman，2010）指出，由于水电和风电项目多集中在落后地区，电力贸易对地区发展的意义是重大的。世界银行（World Bank，2008）认为，中亚和南亚建立电力贸易关系，一方面促进了电力贸易规模的扩大，加快了电力建设项目的进程，另一方面是对非能源部门、能源进一步合作的环境问题、区域经济合作和地区政治稳定等也有“看不见”的多重积极效应。针对电力贸易带来的收益与成本，奥达尔（Årdal，2009）指出，跨境电力贸易的收益表现在：一是提升了输电运营商的电力供应安全；二是避免了各种类型备用容量的投资；三是增强了电力系统运营的安全性和资源优化配置；四是跨境电力贸易使电力市场更有效率，竞争和流动性增强使电价更趋向于由市场供求决定；而成本则表现在跨境贸易使大范围的电网发生级联停电的风险和损失加大，同时，电力的输入输出也使得供应安全和电网的稳定性受到影响。除了直接贸易结果外，更多的研究也开始关注电力贸易的外部效应。李春杰等（2008）认为，电力互联能够对输入输出地产生正向的经济效益，例如满足电力消费、拉动就业以及推动产业结构变化等。同时，对电力输出地的经济效应体现为拉动投资、提高居民收入以及促进整个工业的快速发展。因此，可以说，“跨国联网不仅联起了不同国度经济发展的动脉，也增进了政治互信与全面合作”(王玮等,2005)。

(五)中国电力合作问题的研究

关于我国开展电力合作或贸易的研究更多的集中在以能源安全与环境保护的视角来探讨合作的意义。如余嘉明(2010)认为,进口电能应成为我国多元化能源战略的重要组成部分;中俄跨国输电项目对我国能源外交战略的实施具有积极的推动作用(王玮等,2005)。加大电力进口将有助于推动消费电气化,促进“低碳型社会”发展(余嘉明,2010);电力进口不但节约了国内煤炭等能源的消耗,而且减小了对环境的污染(张振山等,2013)。与此同时,国内研究视角也基于我国电力合作(贸易)面临的现实问题进行探讨。具体而言,一是针对中国与大湄公河次区域电力合作问题的研究。次区域的电力贸易一直是通过签署政府间备忘录和长期购售电协议的方式在双边基础上开展,“缺乏一个多边、权威、高效、能及时解决实际问题的合作协调机制”(韩宝庆,2007),致使次区域电力合作与贸易处于较低水平、较小规模(龙晴等,2006)。同时,围绕着澜沧江-湄公河水能资源开发中上下游利益的协调问题,由于各自国家对于在资源开发及贸易分工中的定位的不同理解,次区域电力贸易与合作充满不确定性(韩宝庆,2007)。二是针对中俄电力贸易问题的研究。中俄两国在电力领域的合作缺乏一套从宏观到微观的专门机制,容易造成合作的不稳定,进而影响谈判时间和合作效率(陈柯旭,2009)。此外,在技术上俄电还不能实现与中国主电网并网运行,一定程度上限制了俄方电力的进口规模(赵俏姿等,2008)。

（六）现有研究的评价

电力贸易不同于一般性的商品贸易，其因电力的多重属性（政治性、社会性、经济性、技术性等）集一身而成为一个复杂的系统。涉及不同层面的利益相关方和不同的学科研究体系，使相关的研究视角和研究内容呈现出多元化。然而，可喜的是，基于国际关系理论与国际贸易理论的演化以及地缘经济理论的发展，当前学术界得出了一些共识：国际合作是解决能源问题的关键，能源贸易是推动国际合作的重要途径或方式，在可贸易的能源商品上，国际电力贸易是具有发展前途的能源国际贸易形式。

综合国内外已有研究，当前的研究在以下方面存在明显的不足之处：一是研究视角虽然呈现出多元化特点，但却没有结合主体行为特点以及影响主体行为的因素来探讨合作的可能性与合作的风险等，不仅造成对问题分析的理论性不强，而且因过多罗列合作的重要性而使研究单纯停留在合作或贸易的原因层面，并没有形成正确的认知或解决问题的有效办法。同时，缺乏系统性的分析架构，造成基于能源的政治性特点、能源安全等政治性话题的探讨过于泛化，致使解决问题的思路缺乏针对性和可操作性。

二是对现实中亟待解决的重大问题的研究存在滞后性。当前的研究仍聚焦在对电力贸易的原因、可行性、前景展望等的分析上，致使研究对象集中在“为什么”（但同时关于贸易原因的解释缺乏应有的经济理论的支持），而对于电力合作的风险、行为成本收益的分析，以及关于促进电力合作的途径、方式或手段（多以建议的方式）等“怎么样”问题的分析极为薄弱。

三是虽然已有研究充分认知到制度性障碍对电力合作或贸易福利的不利影响，但整体而言，针对制度性障碍对贸易流量与流向，以及对贸易福利的影响并没有给予系统性和理论性较强的分析，致使对制度性障碍问题研究的“零碎化”。

四是在跨境电力合作及区域互联互通已存在大量经验事实的基础上，却对相关案例鲜有研究，尤其是对已有电力贸易发展进程相对成熟阶段的地区经验研究存在明显不足；高价值的学术性文献较少、新闻时事报道为主，使得电力贸易问题的探讨成为舆论热点而非学术热点。从指导实践的应用视角来讲，这就造成了在我国电力企业“走出去”和开展电力贸易过程中缺乏深邃的理论指导和经验借鉴。

五是对电力商品自身复杂性、电力技术经济特点的探讨缺乏深入分析，国内尚缺乏对互联互通电力市场理论的系统性研究。

总体而言，无论是基于物理上的跨国电网互联互通还是商业基础上的跨境电力贸易的实践，在相当长的时间内（甚至包括最新的研究），经济学（尤其是国际贸易经济学）都无法对电力这一国际能源合作领域的重要实践做出规范的经济学解释，显然与这一重要的国际实践是不相称的。与此同时，规范研究的缺失使得不甚明了的理论观点在其进一步指导或推动跨境电力贸易实践问题上显得底气不足。

第三章 跨境电力合作与能源供应安全

导论中电力合作的经验事实表明，电力合作关系政治考量，政治因素是理性主体国家行为选择的重要参数。因此，从政治层面来考察电力合作的特征更能反映问题的本质。“政治考量”的抽象性使得寻求反映其内涵的代理或等价变量成为问题分析的突破口。贸易依存度体现了出口国对进口国在贸易方面所拥有的影响力或控制力（张屹山等，2010）。基于此，结合能源合作问题的分析范式，本章以电力进口依赖度作为电力合作中主体风险分析的评判指标。

第一节 电力进口依赖度的统计性描述

在开放经济环境中，对一个经济体而言，如果国内某一商品或服务的供求无法实现平衡，则需要对应商品或服务的进口或出口。电力作为一种可贸易的商品，自然遵循同样的经济逻辑，即电力生产无法满足国内电力需求时，则需要进口电力来弥补缺口；当电力生产超出电力消费需求时，则需要外需拉动剩余供应。然而，作为一种能源商品，电力商品又不同于一般性的贸易商品，因为供应安全是一个国家能源合作的重要考量因素。电网互联也能引起政治负担(political liabilities),一种辩护认为国际电网互联能否提高互联国家间的能源安全取决于它们是如何配置的。因此,迈森和穆罕默迪(Meisen & Mohammadi, 2010)给予能源安全的定义是如果一个国家的化石燃料和能源服务可利用的程度能够确保国家生存、国民福利的保护、最小化与化石燃料和能源服务供应与利用相关的风险,那么国家就是能源安全的。按照国际能源机构的标准,石油供应中断量达到需求量的 7% 就是能源安全的警戒线。基于能源产品的一般属性,这意味着电力进口的规模在逻辑上也不能超出某一警戒值,否则电力供应安全面临的风险就会显著增加。换个视角来看,电力进口规模既表明了电力合作已开展的事实,又反映着合作的层次或供应安全的可承受程度。为了深入分析当前电力贸易的现实特征——在国家供应安全的考量下国家合作的风险,本章以进口依赖度(进口电力占电力消费的比重)作为基础指标。

一、电力贸易的数据来源与描述性分析

根据美国能源信息署(U.S. Energy Information Administration, EIA)所统计的关于电力进口总量(total electricity imports)的数据与电力净消费总量(total electricity net consumption)的时间序列数据(时间为 1980—2013 年),以两者的比值(电力进口总量 / 电力净消费总量)表示电力进口依赖度,用以反映国家能源安全或风险程度,为了便于分析这里统一为百分比(%)。从电力合作的情况来看,在所统计的 223 个国家与地区中,通过剔除数据没有披露与无法判断是否进行电力贸易的国家与地区 100 个,

目前世界上开展电力合作与贸易的国家与地区已达到123个，占比已超过50%。由于不同国家开展电力贸易的时间存在显著差异，为了保证分析的代表性和分析数据的连续性，本书以2000年作为分析起始点，时间跨度至2011年，共得到92个国家与地区连续12年的时间序列数据。根据上述的计算方法，得到相关的计算结果，如表3-1所示。

表3-1 2000—2011年92个国家与地区电力进口依赖度的测算情况（%）

国 家	2000	2001	2002	2003	2004	2005	2006	2007	2008	2009	2010	2011
加拿大	2.51	3.19	2.97	4.46	4.21	3.41	4.38	3.48	4.20	3.34	3.51	2.65
墨西哥	1.28	0.21	0.32	0.23	0.22	0.24	0.44	0.29	0.28	0.30	0.29	0.28
美 国	1.35	1.08	1.01	0.83	0.92	1.15	1.12	1.32	1.48	1.40	1.16	1.35
阿根廷	9.89	9.84	12.00	9.58	9.10	9.05	7.58	10.24	8.06	8.14	9.27	9.54
伯利兹	0.00	53.54	56.57	54.27	63.73	65.07	52.49	53.35	55.52	38.01	27.86	29.88
巴 西	13.35	12.43	11.46	11.34	10.58	10.66	10.83	10.11	10.22	9.81	7.88	8.03
智 利	3.12	3.43	4.35	3.86	4.03	4.45	4.49	3.07	2.15	2.52	1.78	1.26
哥伦比亚	0.31	0.12	0.02	0.21	0.13	0.04	0.05	0.09	0.18	0.05	0.02	0.02
哥斯达黎加	0.37	2.12	0.56	1.52	2.95	1.11	1.91	2.48	1.15	1.83	1.92	3.29
厄瓜多尔	0.26	0.31	0.67	13.01	15.72	16.45	12.89	6.22	3.24	7.04	5.26	7.19
萨尔瓦多	22.16	17.83	11.31	10.80	11.64	7.22	0.22	0.72	1.58	3.95	3.22	4.64
危地马拉	3.21	2.24	1.25	0.50	0.78	0.35	0.11	0.11	0.07	0.43	4.27	6.10
尼加拉瓜	7.32	1.05	0.83	0.66	1.14	1.14	2.32	2.80	1.17	0.07	0.34	0.33
巴拿马	5.29	1.20	0.89	0.05	1.70	1.17	0.71	0.17	1.92	1.10	1.15	1.09
乌拉圭	20.51	5.04	8.61	7.19	37.70	24.33	39.10	9.97	11.44	16.84	4.17	5.12
阿尔巴尼亚	34.59	50.72	48.40	30.21	12.63	9.92	20.43	76.83	56.92	43.75	20.82	67.01
奥地利	25.92	26.09	27.50	32.87	28.20	33.69	33.77	34.95	31.23	32.02	31.35	38.37
比利时	14.83	19.95	20.80	18.01	17.50	17.31	22.10	18.58	20.16	12.02	14.61	15.92
波 黑	21.80	17.08	13.62	25.56	19.98	26.35	35.58	44.25	32.29	28.37	27.79	36.13
保加利亚	3.52	3.04	7.21	4.58	2.66	2.78	3.79	9.84	9.77	8.86	3.86	4.59

续表

克罗地亚	36.00	30.33	30.82	35.04	39.50	61.83	55.92	51.29	51.23	50.04	43.51	57.05
捷　克	16.27	16.91	17.15	17.77	16.80	20.83	18.77	16.59	13.70	14.60	10.88	17.31
丹　麦	25.68	24.93	26.92	21.07	25.56	37.46	19.35	30.03	37.30	34.19	31.60	35.58
芬　兰	16.02	15.06	16.72	14.54	13.89	21.93	16.19	17.63	19.23	19.71	18.48	21.83
法　国	0.90	1.07	0.89	1.60	1.47	1.78	1.90	2.40	2.32	4.15	4.11	2.15
德　国	8.87	8.80	9.08	9.06	8.79	10.47	8.84	8.33	7.65	8.06	7.85	9.38
希　腊	3.76	7.52	9.29	8.07	9.16	10.37	11.00	10.99	12.70	12.91	15.10	12.74
匈牙利	29.91	31.64	37.08	40.31	29.77	43.40	41.71	38.86	33.86	30.79	27.08	39.91
爱尔兰	0.83	0.18	2.59	5.26	6.81	8.52	7.12	5.58	2.86	3.76	3.02	2.98
意大利	16.11	17.21	17.73	17.45	15.37	16.39	14.85	15.55	13.81	15.83	14.99	15.26
卢森堡	111.04	103.62	110.93	108.35	104.58	106.83	105.94	104.51	105.37	100.64	112.99	110.81
马其顿	2.16	6.65	14.87	15.76	19.15	24.19	26.46	34.88	37.63	21.36	20.04	34.37
荷　兰	23.15	21.23	20.37	20.02	19.76	21.87	24.89	20.62	22.11	14.33	14.16	18.51
挪　威	1.30	9.30	4.87	12.94	14.03	3.22	8.87	4.64	2.95	5.02	12.27	9.95
波　兰	2.90	3.79	3.99	4.30	4.46	4.17	3.80	5.99	6.82	5.80	4.67	4.92
葡萄牙	12.18	9.29	12.80	13.59	19.10	20.78	17.96	19.64	22.07	15.72	11.57	13.87
罗马尼亚	1.89	1.62	1.02	2.11	5.56	4.86	2.02	2.55	1.83	1.43	1.58	6.82
斯洛伐克	23.94	23.99	26.43	34.21	33.91	32.87	33.77	51.47	35.62	36.18	28.25	42.28
斯洛文尼亚	39.13	49.98	31.20	47.76	48.58	54.82	51.78	44.66	46.77	66.06	69.32	53.80
西班牙	6.33	4.93	5.90	4.27	3.49	4.23	3.61	3.44	2.27	2.75	2.09	3.22
瑞　典	13.55	8.11	14.82	18.25	11.56	10.76	12.93	11.81	9.56	10.73	10.92	9.75
瑞　士	46.23	44.37	51.40	54.25	47.93	66.66	58.25	60.35	53.56	54.30	55.63	59.27
土耳其	3.85	4.70	3.50	1.05	0.39	0.49	0.40	0.56	0.49	0.52	0.67	2.43
英　国	4.26	3.15	2.70	1.49	2.85	3.18	2.95	2.50	3.58	2.04	2.16	2.71
亚美尼亚	10.84	8.93	8.72	8.31	6.20	8.11	8.00	8.77	7.53	6.48	5.31	5.91
阿塞拜疆	5.84	7.71	14.88	13.66	12.43	12.06	9.09	3.23	1.29	0.82	0.74	0.88
白俄罗斯	35.26	29.63	31.88	33.84	27.49	30.81	33.35	30.79	22.80	28.44	24.47	28.44
爱沙尼亚	5.11	1.72	6.71	1.43	5.12	5.01	3.42	4.48	17.36	40.44	13.84	22.00
格鲁吉亚	7.17	12.85	9.46	15.72	18.26	19.96	11.29	6.23	7.87	3.72	3.04	5.69
哈萨克斯坦	6.97	6.99	4.80	6.64	9.63	6.16	6.45	5.18	4.01	2.54	4.01	3.41
拉脱维亚	44.76	45.83	53.19	47.83	47.28	46.84	43.72	72.69	67.87	67.32	60.56	61.48

续表

立陶宛	2.42	2.50	55.12	48.52	47.89	63.57	62.34	60.82	56.56	52.00	88.42	86.79
摩尔多瓦	32.01	27.57	42.88	50.21	47.79	47.97	50.55	43.19	42.88	25.01	25.28	13.58
俄罗斯	1.23	1.36	1.37	1.11	1.60	1.31	0.63	0.67	0.36	0.38	0.19	0.18
塔吉克斯坦	39.88	39.75	36.87	33.33	33.82	31.27	33.11	30.18	35.65	30.75	2.29	0.46
乌克兰	2.16	1.70	4.30	5.44	1.57	1.21	1.41	2.21	1.38	1.00	0.66	0.77
乌兹别克斯坦	33.92	32.65	27.10	27.05	27.03	27.02	27.01	27.09	26.93	27.00	26.96	26.98
伊　朗	0.15	0.73	0.89	1.24	1.71	1.54	1.74	1.20	1.04	1.22	1.65	1.96
约　旦	6.49	4.63	4.62	13.21	9.70	8.69	5.02	2.00	4.85	3.29	5.35	13.09
黎巴嫩	15.20	11.88	8.64	4.87	2.07	4.29	8.98	9.03	4.90	9.36	8.78	5.84
巴勒斯坦	100.00	98.55	94.66	88.58	88.28	86.75	91.13	89.74	91.22	90.11	90.95	90.28
阿尔及利亚	1.27	0.73	1.10	0.94	0.86	1.30	1.42	0.98	0.90	1.17	2.17	1.72
贝　宁	94.85	106.29	109.71	106.49	107.00	102.12	96.72	87.46	89.65	111.11	107.46	106.94
博茨瓦纳	57.59	58.49	67.01	79.25	77.05	77.01	76.38	84.62	88.74	93.12	94.70	100.73
布基纳法索	0.00	17.83	24.48	14.30	17.94	21.54	22.34	18.65	19.86	18.96	43.53	51.46
布隆迪	24.39	24.50	22.72	35.41	42.41	44.04	46.18	41.23	41.97	44.78	41.67	40.19
刚果（布）	88.45	87.11	96.62	93.35	111.30	100.40	88.93	93.80	77.03	75.28	48.87	3.93
刚果（金）	1.17	0.26	0.45	0.07	0.02	1.47	0.25	1.25	1.38	1.59	2.41	0.62
埃　及	0.28	0.32	0.31	0.19	0.21	0.19	0.22	0.24	0.11	0.16	0.13	0.01
加　纳	10.06	6.97	17.55	21.18	19.61	15.76	9.93	8.19	4.61	3.25	1.60	1.05
肯尼亚	6.18	5.20	6.05	4.04	2.17	0.32	0.27	0.48	0.54	0.68	0.50	0.58
莱索托	4.29	13.11	5.19	11.17	8.30	2.96	7.57	8.85	8.43	14.73	13.56	32.08
摩洛哥	15.33	10.10	9.09	8.66	8.68	4.38	10.05	16.25	19.59	20.78	19.48	20.30
莫桑比克	31.33	55.68	90.61	90.39	105.09	105.26	103.27	82.46	83.66	84.79	81.27	79.20
纳米比亚	36.18	44.55	52.78	52.63	52.53	57.51	59.93	61.43	55.13	63.05	73.02	68.34
尼日尔	55.20	60.26	56.88	58.40	62.66	62.47	67.62	69.84	70.09	70.65	68.46	67.54
卢旺达	47.21	59.53	61.88	52.91	58.40	46.32	30.36	36.66	33.28	22.10	24.37	22.02
南　非	2.94	4.02	4.14	4.23	4.91	5.40	5.04	5.15	4.95	6.01	5.67	5.45
斯威士兰	59.49	60.48	65.48	69.53	68.98	70.62	66.21	67.91	71.90	68.42	66.34	70.69
坦桑尼亚	2.43	3.19	3.57	4.75	4.81	2.86	6.61	3.77	1.49	1.75	1.30	1.34
多　哥	83.01	84.03	87.72	79.30	84.04	84.06	82.01	85.83	104.87	89.92	96.50	84.95
津巴布韦	48.94	40.36	39.41	30.98	20.44	28.88	41.62	32.86	22.61	30.95	35.33	39.93

续表

阿富汗	18.72	15.37	13.53	10.27	10.74	10.78	35.69	40.91	52.62	56.97	64.36	74.03
不　丹	6.91	3.97	4.65	3.24	3.52	5.71	1.53	0.76	1.41	1.40	1.10	1.32
中　国	0.13	0.14	0.16	0.18	0.17	0.23	0.21	0.15	0.13	0.18	0.15	0.15
中国香港	29.64	29.41	28.26	28.62	26.59	29.15	28.66	28.45	29.23	29.59	27.92	28.54
印　度	0.40	0.38	0.37	0.40	0.37	0.35	0.54	0.88	0.95	0.80	0.77	0.70
老　挝	18.52	25.63	26.24	25.90	30.79	31.65	28.80	29.08	26.67	34.91	39.90	41.68
中国澳门	7.19	12.84	11.89	10.70	8.20	16.10	40.23	56.88	70.08	64.81	76.59	82.08
蒙　古	7.54	7.94	6.46	6.35	5.96	5.78	7.54	6.19	5.43	4.39	6.66	6.35
尼泊尔	15.90	8.33	13.94	8.59	12.92	13.63	15.27	18.61	16.20	24.82	25.34	23.28
泰　国	0.37	0.40	0.64	2.42	3.07	3.81	4.21	3.55	2.15	1.88	5.16	7.65
世　界	3.78	3.68	3.81	3.84	3.68	3.92	3.78	3.68	3.53	3.39	3.18	3.36

资料来源：根据美国 EIA 数据库相关数据计算所得。

二、电力进口依赖度“警戒线”的统计分布特点

为了清晰地显示样本数据的特征，根据统计学的方法，对数值分布进行分析，其中分布区间以一次能源进口依存度 50% 的国际警戒线为参照，然后分别以 25% 作为区间跨度来划分为五个区间，不同区间对应的数据分布结果如图 3-1 所示。

不难发现，电力进口依赖度在统计学意义上的区间分布主要集中在 25% 以下，以 2011 年为例，比重约占三分之二；如果以 50% 作为警戒线，那么警戒线以下的数据分布比例在 80% 以上；而超过警戒线 50% 的比重不足 20%，100% 以上的比重仅为 3% 左右。从纵向数据比重构成情况来看，虽然五种区间的结构呈现出一定的波动性，但总体而言基本上保持在一个相对比较平稳的水平上。如果以世界整体进口依赖度情况来看，这一平稳走向更

为明显，基本处于3%—4%。因此，从统计分布上来看，电力进口依赖度基本处于能源安全可以保证的警戒线以内。

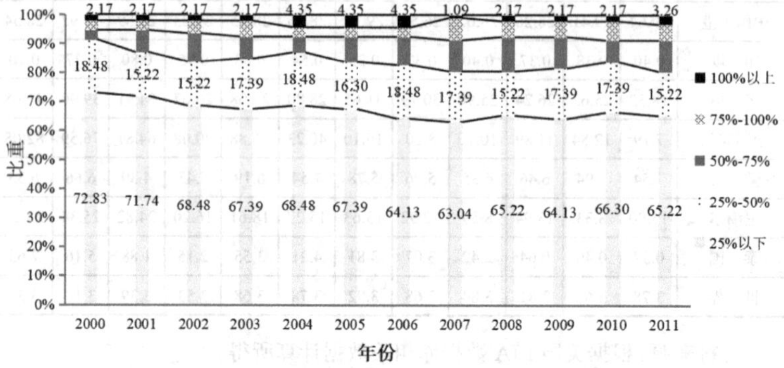

图3-1　2000—2011年电力进口依赖度区间分布情况

第二节　电力供应安全存在性的经验检验

一、区域电力合作与电力贸易规模间关系的分析

(一)警戒线以上国家电力合作的共性特征

从能源供应安全视角来看，基于国家理性，能源的对外依赖度理论上是不可能无限扩大的，尤其是在单一垄断供给的局面下。然而，依据国际实践，贸易对象的多元化或多元合作机制的成熟的确会保障国家能源供应安全下而使进口依赖度大幅提升。电力合作是否遵循同样的逻辑机理，显示出类似的特征事实，这

里依据上述计算的进口依赖度超过 50% 的国家作为分析对象，来探求其共性的特征。简言之，超过警戒线国家具体拥有哪些特点就成为了分析的重点。

1. 警戒线以上的国家与地区分布

根据依赖度的计算结果，这里分别列出了对应年份的国家情况，具体如表 3-2 所示。根据重复出现的情况，可以看出一些共性的特点：一是卢森堡、巴勒斯坦、贝宁、多哥和斯威士兰一直处于 50% 以上的国家中；二是其他国家呈现出波动出现的特点，如斯洛文尼亚、尼日尔、博茨瓦纳、立陶宛和瑞士等；三是后续连续出现和连续出现后消失的国家或地区，如阿富汗和伯利兹等。从地区分布情况来看，欧洲和非洲地区的国家分布相对较多，其中 2002 年、2003 年和 2004 年非洲国家多达 9 个，2007 年和 2011 年欧洲国家多达 7 个。亚洲的情况则比较复杂，众所周知，巴勒斯坦常年与以色列的冲突，使其电力供应大量依赖国外（包括以色列）；阿富汗因战争，国内供应能力的减弱不能不说是其依赖度提升的原因所在，据统计仅有 6% 人口有电力供应。

表 3-2　2000—2011 年电力进口依赖度超过 50% 的国家及区域分布情况（根据排名情况）

地区	2000	2001	2002	2003	2004	2005	2006	2007	2008	2009	2010	2011
	卢森堡	卢森堡	卢森堡	卢森堡	卢森堡	卢森堡	卢森堡	卢森堡	卢森堡	卢森堡	卢森堡	卢森堡
		阿尔巴尼亚	立陶宛	瑞士		瑞士	立陶宛	阿尔巴尼亚	拉脱维亚	拉脱维亚	立陶宛	立陶宛
欧洲		斯洛文尼亚	拉脱维亚	摩尔多瓦		立陶宛	瑞士	拉脱维亚	阿尔巴尼亚	斯洛文尼亚	斯洛文尼亚	阿尔巴尼亚
			瑞士			斯洛文尼亚	克罗地亚	立陶宛	立陶宛	瑞士	拉脱维亚	拉脱维亚
						克罗地亚	斯洛文尼亚	瑞士	瑞士	立陶宛	瑞士	瑞士

续表

欧洲						斯洛文尼亚	摩尔多瓦	斯洛伐克	克罗地亚	克罗地亚		克罗地亚
								克罗地亚				斯洛文尼亚
亚洲	巴勒斯坦	巴勒斯坦	巴勒斯坦	巴勒斯坦	巴勒斯坦	巴勒斯坦	巴勒斯坦	巴勒斯坦	巴勒斯坦	巴勒斯坦	巴勒斯坦	巴勒斯坦
									阿富汗	阿富汗	阿富汗	阿富汗
非洲	贝宁	贝宁	贝宁	贝宁	刚果布	莫桑比克	莫桑比克	贝宁	多哥	贝宁	贝宁	贝宁
	刚果布	刚果布	刚果布	刚果布	贝宁	贝宁	贝宁	多哥	贝宁	博茨瓦纳	多哥	博茨瓦纳
	多哥	多哥	莫桑比克	莫桑比克	莫桑比克	刚果布	刚果布	博茨瓦纳	博茨瓦纳	多哥	博茨瓦纳	多哥
	斯威士兰	斯威士兰	多哥	多哥	多哥	多哥	多哥	莫桑比克	莫桑比克	莫桑比克	莫桑比克	莫桑比克
	博茨瓦纳	尼日尔	博茨瓦纳	博茨瓦纳	博茨瓦纳	博茨瓦纳	博茨瓦纳	尼日尔	刚果布	刚果布	纳米比亚	斯威士兰
	尼日尔	卢旺达	斯威士兰	斯威士兰	斯威士兰	斯威士兰	尼日尔	斯威士兰	斯威士兰	尼日尔	尼日尔	纳米比亚
		博茨瓦纳	卢旺达	尼日尔	尼日尔	纳米比亚	斯威士兰	纳米比亚	尼日尔	斯威士兰	斯威士兰	尼日尔
		莫桑比克	尼日尔	卢旺达	卢旺达		纳米比亚		纳米比亚	纳米比亚		布基纳法索
			纳米比亚	纳米比亚	纳米比亚							
拉美		伯利兹	伯利兹	伯利兹	伯利兹	伯利兹	伯利兹	伯利兹	伯利兹			

数据来源：根据表 3-1 计算结果整理所得。

2. 警戒线以上国家的区域电力合作情况

根据上述国家的情况，选择了几个参考变量来从侧面反映其进口依赖度较高的原因。分别基于国土面积（资源禀赋）、电气化水平（电力风险的影响范围）、装机容量（国内电力供应情况）和是否加入区域电力合作组织（多元化进口渠道）来归纳出共性的特征。这里以所有上述出现的国家作为分析对象，结合参考变量分析，结果如表 3-3 所示。从表中不难发现：从装机容量来看，这些国家的容量规模相对较小。其中，多哥、博茨瓦纳、巴勒斯坦、刚果布、斯威士兰、贝宁和伯利兹等均处于较低水平，在2011年92个国家和地区中基本处于倒数的位置，这些较低的装机容量国家，在电力化水平上也是比较落后的。以非洲国家为例来看，除了博茨瓦纳之外，其他国家的电气化水平均在40%以下，个别国家更是处于20%以下的水平。然而，其他地区国家的电力化水平则相对较高，欧洲和转型国家均达到了100%。归纳来看，装机容量规模较小在很大程度上会提升进口依赖度，而且电气化水平在一定程度上也会对进口产生正向作用。从反映国家能源资源禀赋的国土面积来看（假定资源禀赋与国土面积成正比），表中的绝大多数国家尤其是欧洲的国家国土面积都比较小，这也就使得其相对可开发的电力资源天然存在"禀赋不足"的状况，其中卢森堡为典型。作为欧洲的袖珍小国，卢森堡在装机容量较小和电气化水平较高的情况下，只能依赖电力进口来满足需求。

表3-3　对外依存度超过50%国家的电力工业水平、国家（地区）状况及电网互联情况

国　家	2011年进口依赖度（%）	2011年装机容量（百万KW）	装机负向排名	2012年电气化水平	国土面积（万平方千米；排名）	区域电力组织（互联情况）
卢森堡	110.81	1.7397	24	100%[a]	0.258（161）	欧洲互联电网（ENTSO-E）
立陶宛	86.79	3.6391	42	100%[a]	6.5（120）	欧洲互联电网（ENTSO-E）
阿尔巴尼亚	67.01	1.643	23	100%[a]	2.9（135）	非ENTSO-E成员，而电网互联
拉脱维亚	61.48	2.2255	29	100%[a]	6.5（119）	欧洲互联电网（ENTSO-E）
瑞士	59.27	20.0365	65	100%[a]	4.1（130）	欧洲互联电网（ENTSO-E）
克罗地亚	57.05	4.171	43	100%[a]	5.7（122）	欧洲互联电网（ENTSO-E）

续表

斯洛文尼亚	53.80	2.2354	30	100%[a]	2.0（145）	欧洲互联电网（ENTSO-E）
巴勒斯坦	90.28	0.14	7	69%	0.25（162）	主要为以色列、埃及和约旦
阿富汗	74.03	0.48907	15	32%	65.2（40）	主要为中亚周边国家
贝宁	106.94	0.171	10	28%	11.3（98）	西部非洲互联电网（WAPP）
博茨瓦纳	100.73	0.132	5	66%	58.2（45）	南部非洲互联电网（SAPP）
多哥	84.95	0.083	3	27%	5.7（121）	西部非洲互联电网（WAPP）
莫桑比克	79.20	2.429	33	39%	80.2（34）	南部非洲互联电网（SAPP）
斯威士兰	70.69	0.149	9	27%	1.7（149）	南部非洲互联电网（SAPP）
纳米比亚	68.34	0.3932	13	30%	82.4（33）	南部非洲互联电网（SAPP）
尼日尔	67.54	0.134	17	14%	126.7（21）	西部非洲互联电网（WAPP）
布基纳法索	51.46	0.238	12	16%	27.4（72）	西部非洲互联电网（WAPP）
刚果布	—	0.148	8	35%	34.2（62）	南部非洲互联电网（SAPP）
伯利兹	—	0.18661	11	95%[b]	2.3（142）	加勒比共同体和共同市场（CARICOM）

注：a 是根据 IEA 数据表示的 2012 年转型国家与 OECD 国家的电气化水平；b 为 2012 年拉美平均水平，同年世界平均水平为 82%。

资料来源：电气化水平数据来自 IEA，World Energy Outlook 2014；装机容量数据来自美国 EIA 数据库。

兰詹和休斯（Ranjan & Hughes，2014）指出多元化对一个能源系统的长期生存而言是一个重要的因素，因为一个多元化的能源供应渠道通常被视为是能源安全的代理或等价（a proxy for energy securi-ty）。对于电力安全而言，电源结构的多元化（generation mix）和电力供应渠道的多样化（diversity in electricity supply）能够保证电力供应安全（Berger，2003；Grubb et al.，2006）。从表中可以看出，依赖度较高的国家与地区，全部实现了跨境电网互联，欧洲国家除阿尔巴尼亚外，其他国家都是欧洲互联电网（ENTSO-E）的成员，而阿尔巴尼亚电网与欧洲互联电网实现了无缝对接。作为进口国，阿尔巴尼亚电力主要来自ENTSO-E 成员国希腊、黑山和塞尔维亚。作为亚洲国家，阿富汗已积极开展向包括伊朗、乌兹别克斯坦、塔吉克斯坦和土库曼斯坦等周边国家进口电力和实施互联项目；巴勒斯坦电力工业水平较差，国内电力供应能力不足 10%，其中 88% 的电力供应来自以色列①。西部非洲电网和南部非洲电网在成立之前，成员国之间已成功开展了双边或三边的电力交易，区域电力联营体的出现为地区电力供应平衡和安全供给提供了重要保障。以 WAPP 为例，根据贸易安排，成员国的电力贸易具有明显均衡配置的特点，具体贸易情况如表 3-4 所示。

表 3-4　WAPP 成员国间每年电力贸易安排情况（除马南塔利）

国家	出口（GWh）	进口（GWh）	净进口（GWh）
贝宁	0	590	590
科特迪瓦	1070	0	-1070

① 原则上，阿富汗与巴勒斯坦国内政治安全形势较为复杂，主权安全风险始终存在。同时，电气化水平较低，对外依赖度大是相对其国内电力发展状况，电力安全供应本身不足保障，安全需要难与政治稳定国家相比较。

续表

加纳	760	630	-130
尼日尔	0	230	-230
共计	1830	1950	120

资料来源：World Bank（2009）。

综上来看，进口依赖度的提升直接或间接地受到国家不同发展阶段、电力工业水平、资源禀赋和区域合作组织的影响。具体而言，一是保持较高的电力依赖度直接受制于国家资源禀赋的状况，以欧洲国家最为典型；二是国内电力工业发展水平也在很大程度上影响了进口规模，其中以非洲国家尤其突出；三是欧洲电网互联与非洲地区电网互联在解决成员国国内电力供应不足问题上，较好地发挥了在电力供应多元化的情况下保证能源安全的作用，警戒线以上国家均不同程度上参与了区域电网互联或实现了多边电力交换，在提高进口依赖度的同时，因进口的多元化而保障了供应安全。

（二）区域电力合作是否意味着电力进口依赖度必然提升

警戒线的大幅提升似乎显得对于理性的国家主体而言，能源供应安全已显得不再重要。从多元供应安全来讲，在欧洲电网互联与非洲互联电网（WAPP 和 SAPP）影响下，其一些成员国警戒线达到较高水平，但是否意味着区域电力组织的存在也使得电力供应安全已不重要？如果是，按照逻辑应该是区域组织发展越完善，那么电力交易规模就越大，进口依赖度就会显著提升。电力合作的经验事实是否如此？下文基于比较分析的方法，对不同区域电力合作组织下的电力进口依赖度变动情况进行分析。

1. 不同主权合作下电力进口依赖度的经验事实

根据皮诺等(Pineau etal.,2004)对区域电力市场一体化发展的评判标准,选择发展完善程度相对较高的北欧电力市场(NORDEL)和北美电力市场进行分析。同时,史丹等(2014)认为大湄公河次区域(GMS)的泰国与老挝是双边合作的成功典范。这里,根据电力贸易规模选择上述区域内的电力贸易规模最大国家作为对象,来分析其电力进口依赖度的变动情况。相关成员国家的电力进口依赖相关数据仍根据 EIA 数据库按前述方法计算,时间跨度为 1980—2012 年,计算结果如图 3-2 所示。

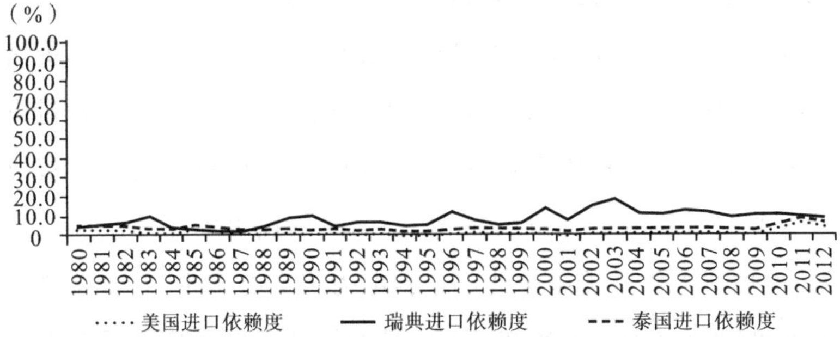

资料来源:根据美国 EIA 数据整理所得。

图 3-2　1980—2012 年美国、瑞典和泰国的电力进口依赖度变动情况

不难发现,三国的进口依赖度并没有呈现出显著提升的态势,而是基本保持在某一稳定的区间内。以美国为例,1980—2012 年累计进口电力 1.33 万亿千瓦时,而且进口依赖度始终保持在 5% 以下;瑞典波动幅度明显,但仍基本处于 15% 以下的水平上;泰国绝大部分年份进口依赖度均在 5% 以下。横向比较来看，依据皮诺等（2004）的标准，北欧电网是区域一体化建设最为完善的地区，其进口依赖度明显高于其他地区国家，也一定程度上进一步证实了区域电力合作会对进口依赖度产生正向作用，但这一作用显然受到区域合作完善程度的影响，因为美国、泰国的经验事实同样证实了区域合作并不必然带来进口依赖度的提升。基于进口依赖度事关能源供应安全的本质内涵，上述三国的经验事实是否意味着为了保持能源供应安全，对于理性的国家而言，一定程度的进口依赖度是可以接受的。塔里萨永（Talisayon，1988）结合泰国与老挝电力贸易中泰国电力进口不超过消费总量3%的依赖度、美国不超过2%和NORDEL在8%以内的经验数据，指出一旦涉及更大规模的电能的买卖（通常意味着更高层次的合作），买卖双方的能源安全立即会交织进来，政治考量也将随其而至。卡尔佐内蒂（Calzonetti，1990）指出，美加自贸协定中电力贸易的话题争议颇多，争议的焦点集中在一旦协定生效，由加拿大供应美国东北部丰富电力将会有多少，并且这些电力本可以由美国国内生产的；反对者仍基于以下理由反对加拿大电力进口：美国应该尽量保持能源自足，依赖加拿大电力将会是不明智的。

2. 统一主权国家下电力交换的经验事实

如果从反面来论证，在一个主权国家下，能源供应安全不会成为政治考量，其依赖度基于时间维度的变动显然不同。以中国内地与中国香港和中国澳门之间的电力贸易情况来分析（如图

3-3 所示),以中国澳门为例,根据已有数据,从澳门与广东电力交换规模情况来看,2006 年进口电量为 12.28 亿千瓦时,到 2012 年翻了一番达到 23.80 亿千瓦时,年均增速达到 10%;而同期的进口依赖度也由 40.2% 提升到 82.1%。因此,比较图 3-2 与图 3-3,不难发现,在不担心能源供应安全的情况下,能源依赖度可以呈现出较高水平并有递增的态势。从这一情况来看,假定不考虑政治考量,完全商业化的区域电力合作将会实现电力交易规模的大幅提升,这也是当前不同区域电力市场建设一体化进程的理想目标。因此,电力安全的政治考量对进口依赖度具有重要影响,具体表现为区域合作并不必然意味着能源安全的政治考量就不存在,相反,能源安全的政治考量会使进口依赖度限定在某一可接受范围内。关于政治考量是否会成为电力合作的特征事实,接下来将进行全样本数据的实证分析。

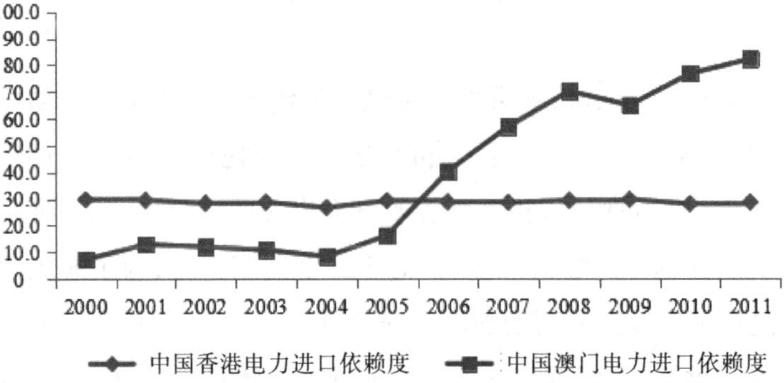

图 3-3　2000—2011 年中国香港与中国澳门电力进口依赖度变动情况

资料来源:根据美国 EIA 数据整理所得。

二、电力进口依赖度与电力供应安全关系的实证检验

上述分析和现有研究表明,随着贸易规模的扩大,关于能源供应安全的政治考量就会增加,就会使进口依赖度保持在一定的“安全水平线”内。然而,欧洲电网和非洲电网(WAPP和SAPP)部分成员国依赖度超过警戒线的经验事实又的确证实了依赖度可以超越警戒线,而且可以很高。这一看似矛盾的问题归结到一点就是在国家理性的情况下能源供应安全的政治考量是否存在的问题。与此同时,前述关于进口依赖度统计区间的分析表明,在警戒线50%以下的比重明显偏高,这是否真的意味着电能贸易规模扩大必然带来能源安全问题的担忧,为了保障供应安全,使得贸易的规模停留在一个确保电力供应安全的门槛值或合理区间,才造成了上述统计现象的发生。为了证明这些推论,将给予经验性检验,以验证能源安全考量与电力进口依赖度之间的关系。

从理论上来讲,如果电力装机容量代表国内电力生产供应能力,基于能源安全的角度,装机容量越大,则能源供应安全的风险就越小;电力进口依赖度则表明电力供应的风险性,依赖度越高则安全性越差,风险性越高。对于一个国家而言,为了避免因电力进口依赖度上升而增加电力安全风险,会加大国内生产能力的投资与供应,表现为装机容量的增加;从统计学意义上,则意味着国内生产能力(装机容量)与进口依赖度之间存在正相关,即进口依赖度的提高会刺激电力供应安全,为了避免发生供应中断

风险，政治考量随之增加，则国内会加大电力投资，使得发电装机保持增长。

根据前述分析，选取电力进口依赖度作为解释变量，国内装机容量作为被解释变量，相关数据来源于EIA和相关计算所得，为了考察主权国家的特点，把中国香港和中国澳门的数据从中剔除，共得到90个国家2000—2011年的数据。从统计学来看，两者之间呈现出一定的正相关性（如图3-4所示），利用面板数据

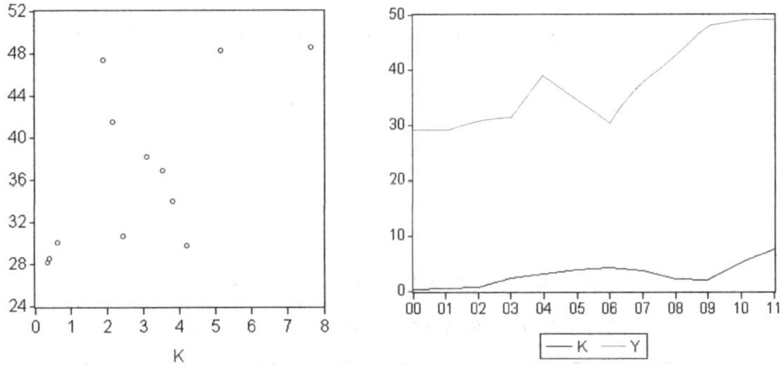

图3-4　国内装机容量（Y）与进口依赖度（K）之间关系示意图

OLS方法进行回归，回归结果如下：

$$Ins_{i,t}=0.083583Imp_{i,t} \tag{1}$$

$$t=64.25$$

$$\overline{R^2}=0.288$$

其中，$Imp_{i,t}$表示第i个国家第t期电力进口依赖度；则$Ins_{i,t}$表示为对应的国内装机容量；i=1，2，…，90，表示国家个数；t=2000，2001，…，2011，表示年份。回归系数在1%的显著性水平上为统计显著，模型估计有效。从式（1）可以看出，电力

进口依赖度每上升1%，对应的国内装机容量将增加8.353万千瓦。基于能源安全，这意味着随着电力进口依赖度的提升，国家对能源安全的考量会显著增加。从合作的进程来看，这种正向关系将会随着合作的深入愈发增加，如果把其作为一种合作的成本，显然这种成本是递增的。

以卢森堡和贝宁为例，两国进口依赖度均处于100%左右（且国土面积都较小和参与区域互联），但其装机容量却呈现出递增的态势；比照统一主权国家下中国香港与中国澳门的同期装机变动情况，不难发现中国香港与中国澳门的装机容量并没有保持增长趋势，相反在小幅下降后保持不变（如表3-5所示）。同时，为了保障电力供应安全和降低对俄罗斯电力依赖度，格鲁吉亚通过扩大装机容量来增加国内生产也较好地证实了这一点。

表3-5　2000年以来卢森堡、贝宁与中国香港、中国澳门装机容量变动情况　（单位：百万千瓦）

国家	2000	2001	2002	2003	2004	2005	2006	2007	2008	2009	2010
卢森堡	1.227	1.239	1.634	1.655	1.682	1.683	1.684	1.685	1.699	1.703	1.723
贝宁	0.053	0.058	0.058	0.058	0.058	0.059	0.06	0.06	0.171	0.171	0.171
中国香港	11.568	11.568	11.606	11.683	11.683	11.804	12.3808	12.6448	12.6248	12.6248	12.6248
中国澳门	0.352	0.352	0.397	0.489	0.488	0.488	0.472	0.472	0.472	0.472	0.472

资料来源：根据美国EIA数据整理所得。

综上分析，无论是实证检验还是经验事实，都充分证明了电力进口依赖度与主权国家能源安全的政治考量直接正相关，并且这种考量随着合作或电力贸易规模的扩大具有显著递增的特点。可以说，正是存在着能源供应安全的考量，才使得合作进程或电力贸易规模保持在国家可接受的水平上，阻碍了合作进程或贸易规模。因此，理性国家基于能源安全（电力供应安全）的考量是电力合作的又一特征事实，而这种考量容许其他国家进口依赖度超出安全线，从博弈视角看，则意味着国家在电力合作中存在策略性行动的可能性。

第四章　跨境电力合作的阶段演变与国家损益

在能源供应安全政治考量始终存在的情况下，能源进口依赖度呈现出差异性，具体为在区域合作中，一方面，电网互联在一定程度上促进了电力进口国的多元供给，维护了其供应安全；另一方面，发展相对较好的区域合作电力贸易进口依赖度却保持在一个相对平稳的走势。这一看似矛盾的现象恰恰反映了在国家理性的情况下，可以根据博弈行动场景进行策略性安排，使其合作呈现出阶段性的特点，以实现对其最为有利的博弈互动行为。循是推论，那么电力合作的阶段性特点是什么？不同合作场景下的政治经济考量是什么？这一不同考量对其合作行为产生什么影响？下文将对这些问题进行分析。

第一节　电力合作的阶段与特点

一、电力合作的阶段划分与对应特征分析

从区域经贸合作演化情况看，合作呈现出多层次性（如图 4-1 所示），以区域经济一体化为终点，朝向这一终点的合作并不是层层演进的，在贸易壁垒的消除与增设过程中合作表现为过程与状态的统一性。而这种统一性与国家的两面性是分不开的，约

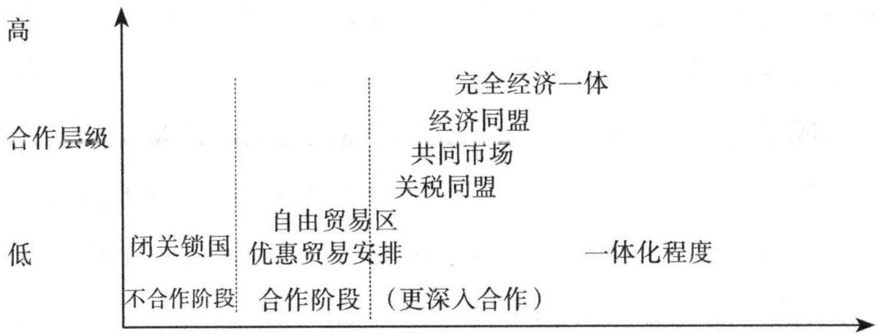

图 4-1　区域经济合作的层次与贸易安排

瑟夫·格里科和约翰·伊肯伯里(2008)指出,国家努力防止自己依赖其他国家,但同时,国家却通过提供优惠贸易条件,努力使别国依附自己,因为别国依附自己,会给自己带来更多的好处和权力。这种两面性最终造成了国家必须在相互依赖和自主性之间做出艰难抉择。电力合作对于理性的国家而言,同样需要面对这种合作问题的"艰难抉择"。一方面,接入系统(电网互联)被设计成用来实现能源交换,通过多元的电能供应,互联可以成为一种提升能源供应安全的方式;另一方面,对进口电力依赖度和电力供应中断的担心,并且这种担心随着合作的深入、交易电量和互联电网容量的扩展愈发强烈(Asia Pacific Energy Research Centre,2000)。基于此,根据电力供应安全政治考量的一贯性和区域经贸合作的特点与划分思路,在国家理性人的假定下,应当从电力供应安全的政治考量或从进口依赖度的政治可承受度或合作的政治可行性阶段的维度来对电力合作的阶段性进行分析。

虽然供应安全的政治考量是始终存在的,但在具体合作进程中却表象为电力贸易规模的大小。电力贸易规模物理上受跨境电网输电容量的直接影响，而电网建设却需要可行性的论证，可行性的论证最终形成了相关互联发展规划。这一系列的事件流程形成了电力合作的阶段性特点，自然成为划分跨境电力合作阶段的依据。与此同时，从合作的特征事实来看，政治考量随着贸易规模（或进口依赖度）增加是递增的，意味着从合作进程上来看，政治考量在整个过程中一直发挥着关键性的作用。基于此，本章以贸易规模、条件和作用作为合作的阶段性划分主线，以政治可行性与否来作为判断合作优劣势的标准，在结合塔里萨永（Talisayon，1988）对东盟国家电力市场设计的基础上划分电力合作 / 贸易的阶段，具体如表 4-1 所示。

表 4-1　电力合作阶段的划分情况

第一阶段：信息交换 + 专业知识的汇集 + 联合研究项目 + 知识和技术的转移 - 机密信息的分享 第二阶段：规划协调 + 未来电网互联创造机会 - 调整彼此的容量扩张计划 第三阶段：硬件 / 程序的标准化 + 知识、经验和技术的更好转移 + 彼此国内电力行业的市场开放 + 未来互联创造机会 + 制造设备的汇集（pooling of manufacturing facilities） - 时间和支出	合作（电力贸易）前的可行性研究与规划（制度）协调阶段：（成本—收益的预期阶段）

续表

第四(a)阶段:联合开发共同资源(不一定涉及双边贸易) +正常的均衡收益 +能源自立的收益 -一些运营限制 -物理设施的投资 **第四(b)阶段:为紧急电力进口而互联(输电网络或联络线等基础设施的投资)** +增强系统的可靠性 +为升级到下一阶段创造机会 -投资回报的不确定性 **第五阶段:为定期的峰值电力交换而互联(调剂余缺)** +燃料成本节约,因为:(a)基荷发电站的较高负荷因素;(b)峰荷发电站的较低成本 +系统稳定性的进一步增强 +能源自立和自主规划能力没有大肆丧失 -彼此电网波动的脆弱性 -短期(小时)能源自主性的丧失 **第六阶段:彼此容量的替代借换(容量互换)** +新容量投资的延后 +较大发电容量的合理性(larger capacity plants justified) +来自较高负荷因素的发电成本降低 -中期(几个月到几年)能源自立的丧失 -因伙伴投资延迟而造成中期的脆弱性 -在扩增规划中相互调整/限制 **第七阶段:大量电力购买/输电容量的租赁** +对进口方来说更便宜的电力 +对出口方来说更大容量发电站 +进口方投资成本的递延或避免 - 对进口方来说长期能源自立的丧失 -长期的相互依存:通常对进口方而言是不对称的 -进口方对出口方电网技术问题的脆弱性 -较高的置换成本	电力合作由简单到深入,电网互联由有限双边互联到多边互联和容量扩展,电力交易规模由有限应急到调剂余缺和大规模交换阶段,也是合作不确定性增强和复杂性增多的阶段:(成本—收益的实际发生和变动)

续表

第八阶段：两国电网的完全一体化 + 获得全部的规模经济与外部经济 +/- 永久的相互依赖 - 两国的公共事业丧失独立性（管理一体化） - 不可逆转的技术承诺	**区域电力市场一体化完成阶段，制度供给体系化**

资料来源：根据 Talisayon（1988）相关资料整理所得。

二、电力合作的阶段性特点与阶段演进情况

从表 4-1 可以看出，电力合作的阶段以电力贸易实际开展（潮流跨境流动）作为起点，可以分为三个阶段（合作的顺序从时间维度来看类似于区域经济一体化的发展阶段）。

（一）合作前的可行性研究和政治协商阶段

此阶段是开展合作的基础，能否成功直接决定着后续的合作进程。从制度经济学来看，由于各个国家电力体制、技术标准、负荷信息、运营管理技术等的差异性，大大提升了合作的交易费用，意味着相关国家合作成本的增加。同时，无论是信息的交换、规划的协调还是硬件程序的标准化，都需要国家给予相应的付出，如机密信息的共享，其他时间成本与费用支出等。基于国家理性，如果无法实现净收益的最大化，那么合作就会陷入"囚徒困境"中，集体利益最大的策略互动行为就无法实现。塔里萨永（1988）认为，电网互联的潜在收益对双方而言是清晰的，并且经常在可行性研究阶段都可以被正确的预见。在北美和北欧国家，由于长期的稳定的双边关系，电力贸易已很大程度上成为公用事业之间的商业交易。然而，从其他地区双边关系不成熟的国家来看，跨

境电网互联却是一个长期的政治和贸易承诺，跨境互联只有在具体的政治和技术前提条件存在的情况下才能获得认同，这也是中缅电力合作惨痛教训的启示所在。

（二）合作或贸易开展与推进阶段

视第四（a）阶段是国际电力合作的起点，有其独特性：共同开发资源并不意味着国家间电网互联，如跨境共同流域水电开发，类似于巴西与乌拉圭的伊泰普水电站；共同资源的开发为电力互联互通创造了进一步合作的条件和合作的模式，即从合作模式上看具体为电源点（A国）到电网（B国）的合作，不涉及彼此电网互联（国家政治接受程度更大），类似于泰国与老挝的南俄（Nam Ngum）水电项目，策略行为选择上一方可以因电力出口而创汇，另一方则可获得电力供应。第四（b）阶段实现了跨境电网互联，合作主体已打破非合作困境，协同策略开始积极发挥作用，但这一阶段的合作基础并不牢固，合作的动机很大程度上只是基于电力系统应急需要而发生电力贸易，并不涉及能源自立和自主规划能力丧失问题。在北美地区，三国电网互联的初始动机就是为国内发电量满足不了需求时提供坚实的紧急支持（the provision of emergency backup），之后，在过去的十多年里，电力公用事业间的价格差异进一步推动了跨境电力贸易（Asia Pacific Energy Research Centre，2000）。由于历史合作的重要性，这一持续的合作为下一阶段更高级的合作提供了条件，有利于合作策略选择的历史信息，合作的深入则会推进合作的稳定和贸易的有序互动，为维护电力系统稳定的调剂余缺成为常态。在东南亚地区，总体而言，电网互联的项目是基于涉及不同经济体电力供应的稳定性这一目标而推动的，从某种意义上，电网互联项目已经增强了经济体之间的政治关系，并为能源部门的更为紧密的区域合作提供了重要契机（Asia Pacific Energy Research Centre，2000）。

在合作深入的基础上，资源配置得到进一步优化，合作进入第六阶段，互联规划开始涉及容量扩容与优化利用，跨国发电容量的相互替代或互补利用，使得合作节约了容量的投资，但同时也应该看到，互联或电力贸易的劣势开始凸显，通过合作实现对他国容量的利用或他国发电容量成为进口国备用容量，则能源的自主性将受到影响，由于容量建设的周期性长和资金密集型特点，一旦容量投资不足，引发的供应安全问题将增加。另外，因容量共用而引发的容量自主规划或扩增调整将会受到限制。在发电容量彼此进一步开放的情况下，大规模的电力贸易将得以开展，合作进入到第七阶段。此时发电资源在很大程度上成为类似于公共物品的共享资源，经济的调度和成本最小化作用使得电力资源的利用与配置得到进一步优化，进口国的电力投资则因容量替代而避免或递延。由于电力规模的扩大和容量的替代，进口国的能源脆弱性增强，电力供应自主能力明显变弱，加之较高的置换成本将会造成一方对另一方不可避免地陷入电力供应依赖，并有可能陷入长期依赖。

从上述分析来看，贸易的开展或合作的推进阶段是最具复杂性和不确定性的阶段。以能源安全和能源脆弱性表现出的最大程度的障碍是从较低的阶段到阶段六或阶段七，政治考量在这个过程中一直发挥关键性的基础作用（Talisayon，1988）。一旦涉及更大规模的电能的买卖，买卖双方的能源安全立即会交织进来，不同的政治考量也将随之而来（Talisayon，1988），在能源供应安全政治考量的影响下，同一段互联电网在不同的合作阶段却意味着合作一方或双方不同水平的能源脆弱性和政治可承受程度的不对等性。与此同时，电网互联将会促使系统稳定性进一步增强，较高负荷因素的发电成本降低，存在更便宜的电力利用以及进口方投资成本的递延或避免等收益或潜在优势，推进电力合作向更高层次的阶段性演进，促使合作走向深入。

然而，合作的状态是潜在收益与潜在成本交织影响的结果，既存在一定范围内合作双方合作阶段向上演进的倾向，也存在合作阶段从高向低逆向回转的可能——双方合作的阶段很可能发生或上或下的跳跃，如从第一阶段到第五阶段，或从第五阶段逆转到四（b）阶段，这种交替重复意味着任何一个合作阶段对于不同利益考量的主体而言并不应该视为合作的“终点”或一个“理想”的合作形式。这种交替演变的特点使得电力合作在国家理性的考量下既是可逆的，也是演进的，合作充满不确定性和复杂性。由于合作直接关系到贸易的流量与流向，因此可以说合作的变化可以是性质上的（阶段间的转换）或者数量上的（在一定合作阶段内贸易电量规模的上下波动）（Talisayon，1988）。从资产专用性的角度来看，合作一旦发生逆转将会造成大量的沉没成本，引起经济损失，自然合作的层级越高，损失就越大，可逆成本（或置换成本）就越大，在能源供应安全政治考量的影响下，合作将陷入停滞，或者在能源依赖性较弱的情况下，由于进口依赖度的百分比较小，因合作引致的能源的脆弱性在政治上是可以接受的，那么置换成本的存在将会推动合作的演变。

（三）完全一体化阶段

从理论上来讲，完全一体化能够实现电力资源的自由贸易，进而实现资源利用和电能更大范围配置的帕累托最优。政治主权或供应安全的政治考量在区域性公共产品的保证下已式微甚至消失，相反为了获得全部的贸易收益，“超主权”且具有促进集体行动的区域性制度安排或治理组织等公共产品将实现体系性的供给。然而，从现实中来讲，基于国家是独立行动主体的身份，主权让渡是无法完全实现的，这也是区域一体化建设的难点所在。从区域电力市场一体化的三个维度来评判，即使是发展程度最好的北欧电力市场仍没有完全一体化（见表 4-2），这也从侧面表明了区域电力市场一体化演进的难度。

表 4-2　三个维度下不同地区区域电力市场一体化的发展状况

程度	基础设施一体化		监管一体化		商业一体化	
没有区域一体化	独立的国家电力系统		独立的国家监管	南方共同市场	本国所有的国内市场	
↓	跨境输电容量	南方共同市场 北美自贸区	协调监管	北美自贸区	跨境贸易和所有权分散	南方共同市场
↓	输电投资的协调	北欧电力市场	监管机构的协调	北欧电力市场	区域现货市场（单一标杆价格）	北美自贸区
完全的区域一体化	完全一体化的区域运营系统		区域性监管机构		区域性二级或期货市场	北欧电力市场

资料来源：Pineau，Trebilcock 和 Thomas（2004）。

第二节 合作进程中国家损益的变化

一、不同合作阶段下主体损益情况的分析

表 4-1 展示了电力合作与贸易在时间维度上的演进过程，为了更为清晰地描画在各个阶段下因电网互联或合作的层次不同引发的损益情况，本节通过归纳上述损益的共同特征并将其作为评判合作损益的基准或维度（参照标准是能源供应安全的政治考量），基于量表（scale）来反映不同合作阶段性的差异或损益的影响程度，具体如表 4-3 所示。

表 4-3 不同阶段电力贸易和合作损益的量表（scale）情况

<table>
<tr><th rowspan="2">损益特征或维度</th><th rowspan="2">阶段一</th><th rowspan="2">阶段二</th><th rowspan="2">阶段三</th><th colspan="2">阶段四</th><th rowspan="2">阶段五</th><th rowspan="2">阶段六</th><th rowspan="2">阶段七</th></tr>
<tr><th>a 阶段</th><th>b 阶段</th></tr>
<tr><td>依赖性或易损性的非对称性*</td><td colspan="5">没有</td><td>短期</td><td>中期</td><td>长期</td></tr>
<tr><td>规划自主权的损失</td><td colspan="5">没有</td><td>较小</td><td>是</td><td>是</td></tr>
<tr><td>能源自主性的损失**</td><td colspan="4">没有</td><td>较小</td><td>短期</td><td>中期</td><td>长期</td></tr>
<tr><td>潮流（power flow）</td><td colspan="3">没有</td><td>单向</td><td>紧急时</td><td>有限小时</td><td>是</td><td>是</td></tr>
<tr><td>输电设施投资的约束</td><td colspan="3">没有</td><td>是</td><td>是</td><td>是</td><td>是</td><td>是</td></tr>
<tr><td>逆转成本或置换成本</td><td colspan="2">没有</td><td>较低</td><td>高</td><td>高</td><td>高</td><td>很高</td><td>很高</td></tr>
</table>

续表

电力系统运营受限	没有		有一些		有时	是	是	是
电力发展规划受限	没有	一点	是	是	是	是	是	是
经济收益	一点	没有	复杂	是	复杂	是	是	是

注：* 不对称性表现在一方销售其拥有的一部分或所有的份额给对方；** 损失是程度的问题，用进口依赖程度（%）来计算。

从表 4-3 不难发现，电力合作与贸易不同维度下的损益情况存在明显的差异性。首先，表现在阶段性的差异上。正如前述阶段性划分所阐释的，前三个阶段并没有出现电网实质性的互联和电能交换，因此对彼此能源依赖性或供应易损性、能源自主性、潮流和输电设施的投资显然是不会产生影响的。然而，为了促进电力贸易与合作的规划调整、信息交换和制度设施的标准化等却会对电力运营与发展规划带来一定程度的影响。其次，随着合作的深入与贸易规模的扩大，因为电力合作与贸易而发生的投资成本或转换成本将显著提升，同时因合作引致的能源供应依赖性、自主性和自主权将愈发受到负面且程度加深的影响。最后，从经济收益情况来看，虽然在一些阶段电力贸易与合作对经济收益的影响充满着无法确切的复杂性，但整体而言，从时间维度来看，阶段的演进带来的经济收益显然是逐步增加的，直至到“一体化”阶段的“获得全部的规模经济与外部经济”。因合作阶段的差异而造成的损益错置的情况，一方面给予合作主体通过有选择地承受不同层面的损益情况而带来了合作的可能性，另一方面，不同层面的利益协调和利益关切的差异性也将带来交易费用增加，从而改变博弈主体的成本收益场景而使合作愈发复杂和不确定。这一矛盾的特征最终在实践演化中使电力合作并不存在所谓的“终点”或一种近似“终极理想”的合作形式。

二、电力合作与主体损益的动态演变

前述无论是电力合作特征事实表现为能源供应安全政治考量的一贯性，还是电力合作阶段差异背景下因合作而引发成本随着合作阶段演进而递增的特点，均表明了合作的深入的确会引发参与主体成本的上升。从收益面来看，只有当所有参与主体获得收益时，互联项目才能得以成功开展、实施和运营，从根本是上说，合作首先要在经济上是可行的（Asia Pacific Energy Research Centre，2000）。从经济学收益理论来看，收益具有边际递减的趋势，电力合作与贸易而带来的收益同样具有此类特点，上述阶段性特点下收益的演变状况也证实了这一点，即存在一体化场景下的收益（或收益组合）最大化。

为了动态描画电力合作与贸易不同场景下损益演变的趋势，结合上述分析，通过把离散的不同阶段损益特点抽象为连续性的演变轨迹，以电网互联或电能交换发生（即电力合作与贸易开展）为起点，形成以互联规模或交易规模为横轴，以成本收益为纵轴的平面几何图，并呈现出某种弧状的演变路径（如图 4-2 所示）。假定 e 表示电网互联规模（意味着合作阶段的演进），根据弧状特点，电力合作与贸易的成本用 $C(e)$ 表示，则有 $C(0)=0$，$C'(e)>0$，$C''(e)>0$；收益用 $R(e)$ 表示，则有 $R(0)=0$，$R'(e)>0$，$R''(e)<0$。

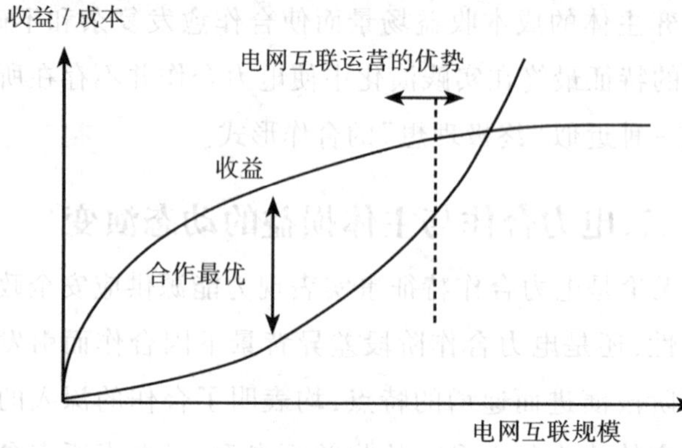

图 4-2　电力合作与贸易损益的动态演变路径

由于边际成本递增和收益边际递减，则存在着一个理论上的合作“最优均衡解”。不同的成本收益组合则形成了参与主体不同的博弈场景，进而形成了不同的策略性选择，使得电力合作呈现出不同的演变路径。因此，成本收益的阶段性不对称使得理性国家主体具有了策略性互动行为选择的条件与可能。正如电网互联可能带来的政治收益一样，潜在的政治负担或政治成本（libilities）视情况而定，很大程度上取决于电网互联过程中如何决策、设计、建设和运营（United Nations，2005）。然而，从成本收益的弧状特点来看（边际递减与边际递增），合作越深入或欲实现更大规模的电网互联，则合作将变得愈发不容易，因为边际成本＞边际收益时，成本的敏感度明显要高于收益。

从贸易主体视角来看，贸易理论一般性假定并认为国家的异质性是客观存在的，不同的贸易主体——国家的成本收益组合是不同的,对应的阶段性组合选择也存在差异。基于对象的异质性,这里亦认为电力贸易与合作的关系可以具体为大国与大国、大国与小国、小国与小国三种关系组合,自然每一种组合对应的成本收益特点存在差异,也使得合作的复杂性和不确定性表象为在不同成本收益组合中呈现出不同的演化轨迹,并在实践中具体表现为不同的合作类型。

第三节 电力跨境配置的帕累托效应:合作剩余的理论分析

合作,能产生"合作剩余"(cooperative surplus),这是经济学的一个常识(Moulin,1995)。帕累托最优的理念逻辑上来自合作这一观点,如果一个产出结果不是帕累托最优的,那么就意味着这不是一个最后的结果,因为行动者将抓住合作机会(cooperative opportunity)来实现帕累托最优的结果。从这一点来看,合作具有帕累托改进效应。从贸易理论来看,H-O 模型提出各国在生产不同产品时的比较利益来自它们的生产要素——资本和劳动——禀赋的差异,发达国家和发展中国家之所以相互进行贸易,是因为前者资本充裕,而后者劳动充裕(苏珊·萨特兰奇,2012)。H-O 模型理论认为一个国家的比较优势取决于它的相对丰裕以及几种生产要素最有利的结合,如资本、劳动力、资源、管理和技术(罗伯特·吉尔平,2006)。然而,现实是在能源生产上却存在明显的"资源与消费分离、资金与需求分离、科技与开发分离",具体为各个属地生产要素供给的不同,只有实现不同要素的跨界配置，才能形成能源生产的“比较优势”（王铁军，2012）。更进一步说，一个地区不同生产要素的禀赋份额是特定产业能否出现的重要因素，一个地区不可能生产出区域内无生产要素的产品（伯特尔·俄林，2013）。因此，在能源生产上，由于不同国家要素禀赋的差异和生产上对生产要素互补性的需要，资源的跨界流动与配置能够实现帕累托最优的产出结果。

从电力生产情况来看，电力合作与贸易对于要素资源的配置具有明显的帕累托改进。发电资源的开发（电能生产）具有显著的属地性特点，缺乏流动性和可分性，这意味着电力生产先天性地严重依赖一个属地的自然资源禀赋。例如，水能资源特有的属地开发性与负荷中心的异地性决定了跨区资源配置的必然性（汤萌，2004）。作为技术、要素、资金密集型的现代产业，在电力生产上由于不同属地天然地存在着资源禀赋分布的不均衡性和结构的差异性，使得“贸易”或“合作”尤其是基于资源禀赋论的H-O模型成为有效促进属地间电力生产资源跨境互补和优化配置的重要途径，在具体贸易形式上体现在属地基于各自要素禀赋进行跨境“联合供给”以实现“联合生产”。为了更为形象地展示电力合作对双边资源利用和产出的帕累托改进效应，绘制相关解析图来进行展示（如图4-3所示）。

由于电力贸易的地理毗邻性要求，假定A、B两国是近邻，在主权独立的情况下存在着清晰的边界。由于边界的存在（要素无法自由流动），在资源禀赋差异的情况下，无法实现跨境要素禀赋的配置。在此情况下，各个国家呈现出不同的要素禀赋生产轨迹和福利效用时间路径，其中A国为a_0a_1（边际效应递减），B国为b_0b_1（边际效应递减）。不难发现，由于无法跨境配置禀赋要素，

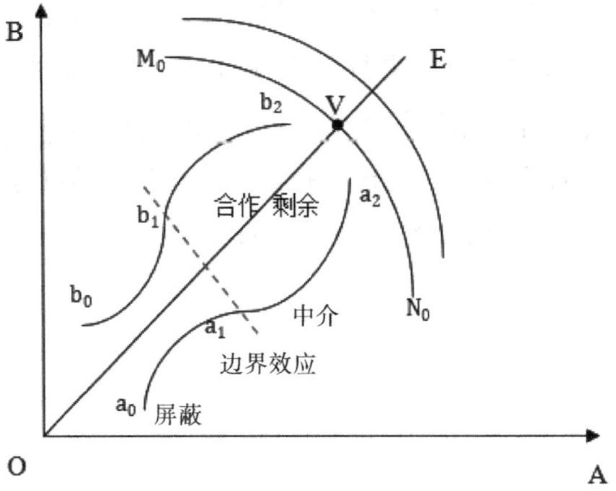

图 4-3　跨境要素配置、（生产可能性边界）帕累托改进与合作剩余

注：图中为边境效应在跨境合作中的作用，这里借鉴李铁立（2004）“边界效应”对双边开放与否分为“中介”与“屏蔽”效应的划分方法。

两国的资源利用（或生产）呈现出明显的边际递减特征，对应的产出结果分别在点 a_1 和点 b_1 达到最大，就造成了由于要素禀赋的不均衡分布使得各国的生产面临“资源瓶颈”问题。在跨境合作的情况下，要素的互补配置和联合供给使得彼此的生产可能性边界出现了帕累托改进（a_1a_2 与 b_1b_2 则表示在要素跨境配置的带动下两国生产或福利的帕累托改进轨迹），并有向两国要素禀赋联合供给下生产可能性边界 M_0N_0 逼近的趋势，进而达到理论上 A 与 B 两国联合生产的情况下福利效用最优化点集合轨迹 OE 上的均衡点 V。综上分析来看，由于实现了要素的跨境配置，不仅生产要素得以实现优化配置，也使生产可能性边界得到扩展，进而实现了包括贸易收益在内的整体社会福利的最优化改进。因此，在要素禀赋在国家间分布不均衡的情况下，有效的跨境合作能够更好地实现生产与福利的帕累托改进。从博弈主体来看，合作剩余为其合作提供了进行集体行动的动机或奖励。合作剩余只有在相互合作的情况下才能实现，这就为在个人理性的情况下破解囚徒困境提供了实现自我利益与共同利益的可行性，因为只有合作才是其最优的策略选择——以合作实现产出结果的帕累托改进。

第五章　跨境电力合作与国家行为选择：基于成本收益的分析

博弈离不开行动场景，埃莉诺·奥斯特罗姆等（2011）认为，“行动场景”包括参与者在自己的位置上必须按照其拥有的信息在各种行动之间做出选择，而且这些行动连接着潜在的结果以及与行动和结果相关的成本与收益。从博弈论的视角来看，电力合作潜在的收益是巨大的，合作是最优的选择，因为未来最重要。然而，正如前述分析框架中表明的，合作涉及损益的变化，在成本收益动态变化的背景下，国家行为自然会随“行动场景”而变化或主动选择策略行为以适应变化的场景——虽然适应性的策略并不必然是最优化的策略，进而实现自我利益最大化。

第一节　跨境资源配置模式的基本假设

一、合作剩余实现的前提假设

合作剩余是对合作的奖励，意味着对于博弈主体而言，未来是重要的。根据行为经济学的前景理论（Prospect Theory），由于合作剩余构成了协作的基础和集体行动的诱因或预期，自然就成为国家行为博弈分析的起点。如果研究的目的是加深对一些基本过程的了解，那么假设的简单性变得重要，特定环境所有细节的忠实表述不重要。基于此，在构建分析模型之前，对于必要环境的假设是必要的，结合图 4-1 的合作条件下资源配置的帕累托改进效应，首先给出了三个基本假设。

基本假设 1：由于要素禀赋供给的不均衡，在封闭状态下一国国内资源充分利用时产出无法进一步提升（或存在“严重的”规模报酬递减——产出增加倍数相对于投入增加的倍数接近于 0），即在缺乏某一要素禀赋（供给）的情况下，生产无法进行；

基本假设 2：能源资源的自然禀赋特点决定了要素的替代性不存在或至少短期内没有经济性；

基本假设 3：资源禀赋的充分利用是指各项要素的最佳生产集合（要素是有效配置的），以某一要素的最大（利用或存量）限值为约束条件而实现的最佳集合，即生产函数 $Y(X_1, X_2, X_3) = Y(X_1, X_2, X_3) + Y(0, (X_2^* - X_2), (X_3^* - X_3))$，其中 $Y(0, (X_2^* - X_2), (X_3^* - X_3)) = 0$，$X_2 \leqslant X_2^*$，$X_3 \leqslant X_3^*$，意味着产出面临“生产要素”供应的瓶颈。

二、跨境资源配置与国家理性

（一）国家动机与合作倾向

在外向型合作的动机中（关于合作类型与合作主体的动机如表 5-1 所示），英吉·考尔等（2006）指出“当国家公共产品的供应活动在大范围内开展、一国供应活动不能单独依靠国内政策进行维系和改善或者两者同时存在的时候，决策人将会寻求跨国合作”。在一国存在生产要素瓶颈的情况下，试图扩大生产或实现生产变得不可能时，那么通过更大地域范围或通过跨境的资源配置（要素联合供给）实现联合生产则是理性的选择。基于此，这里认为一个国家寻求电力合作或跨境电力贸易是由于电力需求的大幅增加或在更大范围的使用，而单独依靠本国已有的或潜在的资源无法实现有效供给或短期内电力资源开发经济性不强的情况下而寻求的跨境电力合作，以期满足电力消费增加的需求缺口。与此同时，基于能源安全的现实主义视角，为了保障国家能源（电力）供应安全，合作既可以鼓励合作国家协同一致的加强各自的能源供应活动，又可以避免他国或对方带来危及本国供应安全的负跨国外溢效应。但基于供应安全的理性考量，即使双边处于“合作状态”，这一特点也是显性化的。

表 5-1　跨境电力合作下的国家间合作类型（国家层面）与合作倾向

合作类型		合作的动力或诱因	初始合作的图示或态度（偏向或认知）	具体事例
双边合作	外向型合作（“走出去”）	为使国内享有某种产品（包括服务）而寻求跨国合作	比较积极（也有顾虑），必要时会提供援助、进行贸易与境外投资	中俄电力合作中的中方角色
	内向型合作（“引进来”）	外向型合作的对象国或被动调整型的对外合作	合作的意愿视情况而定，表现为积极与消极（合作主体的实力、对政治主权让渡与经济安全的担忧程度等）	中俄电力合作中的俄方角色；中缅水电合作中缅方的角色
双边合作	互惠性合作（“互利共赢”）	双方都有愿意享受某种产品或单独生产该产品时无法达到最优的产出结果	对于合作双方都比较积极，并形成有效的合作模式	泰国与老挝的双边电力合作；美国与加拿大的电力合作

续表

双边合作	"1+多"型的网络式合作	调整国家政策以加入某一个(区域性)电力网络组织中	"搭便车"或享受网络收益(这一情况比较复杂,当存在多个网络组织时,会因竞争而使合作主体的选择充满不确定性;同时也涉及国内制度、组织以及规则的调整)	1998年芬兰,2000年丹麦整体加入由挪威和瑞典共同建立的北欧电力市场;俄罗斯希望加入中亚电力输出网络等
多边合作	"第三方"引导下的政府间合作	动机比较多元化,如为了促进基础设施建设、加强区域经贸合作与区域经济增长	初始积极性较高,但后续深入合作面临约束力不强的问题(制度规则的构建在需要国内规则大幅调整的情况下往往会引起合作意愿的不积极)	GMS在亚洲开发银行引导下的合作(中国、缅甸、泰国、越南、老挝、柬埔寨)
	渐进的或内生性制度安排下的政府间合作	消除市场边界或市场失灵,实现资源在更大范围的优化配置,从而提升整体社会福利水平	积极性和主创性较强,随着合作的深入,制度规范的建设将使区域电力市场建设预期更顺利实施	北美电力可靠性委员会下的北美电力合作(美国、加拿大、墨西哥)

注：借鉴英吉·考尔等(2006)从全球性公共产品供给亟需国家层面合作的分析视角来对各种不同的国际合作形式进行分类的方法,基于电力合作由双边、多边再到区域一体化的演进历程来形成本研究的国家间合作类型。由于考尔等的分类中没有对基于双边向多边乃至区域一体化过程中内生性的区域公共产品供给给予类型划分,本书认为某一地区(基于电力合作或贸易的地理毗邻性)的多边合作或集体行动可以内生化的产生"超主权主体"(关于这一点,现实中也是存在的,如欧盟委员会、欧洲议会的职能),并由其来进行相关区域性公共产品的供给。通过归纳当前国际区域电力合作的实践,本书认为基于电力合作或贸易的利益相关方和演进历程,国家间合作的形式可以分为上述二个层面六种类型,其中,外向型与内向型合作是合作的起点,随后其他类型的合作都是在此基础上演变(异化)的结果,同时根据命题假定,这一合作类型成为分析的重点。

资料来源：作者根据当前存在的电力合作模式进行归纳整理所得。

(二)范围经济与合作剩余

基于合作剩余的理论分析,不妨假设A国与B国是资源禀赋互补的相邻国家。在生产技术一致的情况下，对于A国来说，其电力生产是资本K、劳动L和能源要素禀赋E（包括用于电力生产的化石能源与非化石能源）的函数，即$F_A=f(L,K,E)$。要满足其单独生产时无法保障供应的条件，则必有满足上述三个基本假设，即在某一要素缺乏（国内无法供给）的情况下，对于A国而言，即使增加其他要素投入，也无法实现产出的“增加”。不妨假设A国为能源要素（E）稀缺国，则在已有要素联合供给下的产出$F_A=f(L,K,E)$，当要素E处于供给瓶颈下，试图增加其他要素——劳动与资本要素（L_1, K_1）也是无法实现生产的，即$F'_A=f(L_1,0,K_1)=0$。显然，要打破这种生产瓶颈，跨境合作成为改善要素供应条件的必然，因为跨国合作的基本内涵都是鼓励其他国家或所有国家（包括提出要求的一方）使外部效应实现内部化。基于交易费用的视角，就是推进纵向一体化，实现范围经济与规模经济。简言之，鉴于经济体多样性的现实存在，通过合作或形成有效的区域组织，能够更好地实现优势互补，扩大联动效应，进而实现共同发展。这也从侧面反映了国际关系在很大程度上也是围绕着获取“更大范围的有限的自然资源”而展开的。

对于内向型国家而言，情况在逻辑上自然相反。根据上述假定和合作类型，B国为内向型国家，由于同样存在（某些）生产要素禀赋的供应瓶颈问题，单独生产无法实现最优产出或最佳供应（基于电力的技术经济特点，即使某一国家存在电力生产消费的自给自足，也无法保证处于最佳供应，系统稳定性需要调剂余缺、容量备用以及辅助服务），使国内市场供求不均衡（供小于求）。假定存在一个最优的基于电力供应安全保障的产出$\overline{F_B}$，两国技术替代率为0（技术无差异），已有生产条件下的产出为$F_B=f(L,K,E)$，则潜在产出与实际产出的缺口为$\overline{F_B}-F_B(>0)$。显然，如果B国愿意就A国的合作倡议进行支持，那么对于双方的供应能力都是极大的改善，资源要素的利用得以优化，因为在B国的生产函数下，A国在国内增加的要素投入会使得边际的产出明显增加。一旦形成双边共同遵守的国际规范和交易规则，那么双方就进入了“互惠性合作的层面”；或者为了实现互惠性的合作，那么对于形成具有约束力的或公共决策制定的保障产出消费的公共性和净收益分配的公共性的双边或区域性的公共产品自然就是内生性的必然要求。

假定合作的国家存在要素禀赋供给的差异，而且自然的具有明显属地特性的能源要素禀赋是不能进行跨界流动的，除非生产成为可贸易的电能商品。前述的分析表明，要素的联合供给才能实现比单一国家生产更好的产出结果，这里利用“范围经济”的概念来反映合作对于两国的资源开发是一种帕累托改进。假设$f(\cdot)$表示为一般形式的生产函数，$f_A(g(a),e_A)$表示A国在没有开展国家间合作时利用已有能源要素投入e_A和其他要素投入$g(a)$的情况下生产的商品（或电能），同样，$f_B(g(b),e_B)$表示B国的产出。假定前后生产技术不发生变化，通过合作这种要素互补或联合供应方式，实现$f_A(g(a),e_A)+f_B(g(b),e_B)<f_{AB}(g(a,b),e_{A,B})$。其中，$g(a,b)$，$e_{A,B}$表示资源互补后的要素投入情况。作为合作发生的必要条件，$f_{AB}(g(a,b),e_{A,B})$的最大化就是集体行动的必然要求。

第二节　电力合作的博弈场景与主体行为选择：一种微观解释

一、电力合作的成本收益特性与博弈场景

（一）行动场景下电力合作成本与收益的政治经济属性

基于国家经济理性人的假定，可以说，成本和收益大小是理性主体策略性选择的依据——决策前对成本收益的策略性认知构成了博弈的行动场景。在电力合作损益的分析中，已对电力合作不同阶段的成本收益特点及变动趋势进行了比较。结合上述分析，本节给予博弈主体就电力“合作”（基于时间维度，自然也包括进一步的“合作”）这一策略选择之前行动场景的成本收益进一步细化与内涵界定。一是合作成本与收益的层次划分。由于电力合作涉及政治经济层面（Talisayon，1988），本节借鉴关于合作的政治与经济双重属性的分类方法，认为电力合作的成本与收益可具体分为经济与政治两个层面。二是时间维度的划分，电力合作的阶段性表明了合作既可以长远又可能短期，虽然合作的长期与短期之分取决于政治与经济两层面的成本收益综合考量，但不同层面的成本收益在不同时间内（或某一特定条件下）对决策主体的影响并不同步，并因外部效应的存在而呈现出“时间不一致”的特点，表现为电力生产带来生态环境、社会民生等收益。三是从国际关系理论上来讲，尤其是现实主义者认为，国家间的相对力量是决定国家在国际舞台上话语权重要性的重要因素。

具体表现在世界经济一体化发展是一个持续不断的历史过程，是国际社会中国家之间（地区之间）微观利益与宏观利益动态博弈的演化和表现，反映了国家及国家集团之间的相对政治经济实力的变化（保健云，2008）。基于此，结合博弈主体间的策略互动，可以认为某一行动场景所形成的“成本收益”这一决策点的认知是基于另一方“成本收益”变动的相对考量，即国家之间净收益的相对变化。

根据上述内容，为了更好地分析国家间的政治经济关系对合作的策略性选择，电力合作的成本与收益从结构（时间或层次）和综合效应（时间与层次）上来看应具体为政治成本（收益）与经济成本（收益）。然而相对而言（具体为微观层面），合作的收益具体体现为经济收益，不仅是因为从根本上讲，合作首先在经济上是可行的（Asia Pacific Energy Research Centre，2000），同时这也与当前国际政治经济学研究的范式是一致的。如保罗·肯尼迪（2006）认为，一个经济正在迅速发展的国家（如19世纪60年代的英国、90年代的美国和战后的日本）总希望自己越来越富有。基于长远与宏观视角，经济收益会转换为政治收益；从短期来看，政治收益一定程度上嵌入经济收益中。与此同时，在合作的决策中，电网互联和电源建设等基础设施建设的确发生了相应的经济成本，而且在合作的过程中能源供应安全的政治考量是始终伴随并呈递增态势。从行为主体偏向认知上来看，这也是一种成本，为了有所区别，可以视其为政治成本。将能源贸易视为普通的大宗商品交易，过多地剥离了政治因素，然而现实中的能源问题关切到任何一个国家的核心利益，能源贸易不是普通的大宗商品贸易，政府的介入不可避免（李东超，2012）。塔里萨永（Talisayon，1988）指出，跨境电网互联只有在一定的政治和技术前提条件存在时才能发生，不同于一般的商品贸易，跨境电网互联是一个长期的政治和贸易承诺（a long-term political and trading commit-ment）。由于合作需要投入的成本是无法预测的，作为理性的行为主体国家只能基于当前已有知识（偏向认知）进行策略性认知。从理论上来讲，为了保证协作博弈的实现，每一期的收益应该是不低于成本的。

（二）合作收益事前（合作前）的预期分配——讨价还价博弈

1. 电力合作的剩余：合作收益

为了更清晰地表达博弈场景下的合作收益（经济收益），这里利用前述理论分析框架，通过引入产出的概念来对合作收益在两国事前合作的决策中发挥的作用进行分析。根据贸易理论一般性假定，假定劳动力和能源要素不能跨国流动，而资本虽存在禀赋差异但却可以跨国流动（具体为FDI）。资本 $K \in \{\underline{K}, \overline{K}\}$ 其中 $\underline{K}$ 表示资本稀缺，$\overline{K}$ 表示资本富裕（或者可以利用的最大资本）；同理，可用来开发电力的能源资源 $E \in \{\underline{E}, \overline{E}\}$，其中 $\underline{E}$ 表示能源资源稀缺，$\overline{E}$ 表示能源资源富裕（或表示可以利用的最大能源资源），假定A国为能源资源禀赋优势国家，B国为资本要素优势国家，通过合作则实现产出规模为 $F_{AB}(L^*, K^*, E^*)$，假定电能商品的价格为常数（通常情况下价格是双方商定的，具有稳定性），这里为了简化分析，让其等于1。为了有所区别，令合作的共同收益为 $G_{AB}(L^*, K^*, E^*)$，其中 L^*，K^* 和 E^* 分别表示资源互补后最优的要素投入，依次为劳动、资本和能源，显然这是一种基于合作而使资源的利用得到帕累托改进。鉴于电力合作能够实现调剂余缺和互联互通的贸易特殊性，合作能够实现未来更大范围的电力资源的交换，因此有 $K^{*}\in\{K_A, K_A+K_B\}$，$E^{*}\in\{E_B, E_A+E_B\}$。由于假定劳动不能流动，这里不妨设置电力在能源资源禀赋富裕的 A 国生产，则有 $L^{*}<$ A 国的所有有效劳动 L_A。

根据范围经济思想中的“纵向经济”概念（张昕竹等，2010），合作带来的帕累托改进收益为：

$$\Pi_{AB}(L^{*},K^{*},E^{*})=G_{AB}(L^{*},K^{*},E^{*})-G_A(L_A,K_A,E_A)-G_B(L_B,K_B,E_B)>0$$

其中，$G_A(L_A, K_A, E_A)$ 和 $G_B(L_B, K_B, E_B)$ 分别表示 A、B 两国独立生产时的产出，$G_{AB}(L^{*}, K^{*}, E^{*})$ 为要素联合供应下的生产，$\Pi_{AB}(L^{*}, K^{*}, E^{*})$ 表示合作剩余，其不小于零，显然相比于两国各自生产，合作是一种帕累托改进或增量收益。

从行动场景来看，行为主体选择合作是基于合作奖励这一未来的重要性。因为从时间维度来看，一个基于短期与长期合作的博弈均衡是：不合作或违约的短期收益＜贴现因子 × 合作的未来收益。因此，从合作事前来看，合作剩余 $\Pi(L^{*}, K^{*}, E^{*})$ 就是未来的预期或承诺收益。由于是对主体合作策略选择的奖励，剩余在合作国家之间如何分配是确保协作博弈能否实现的重要保证。如果收益的分配不符合合作主体各自的基于合作的预期收益，那么不利于集体行动的囚徒困境就会出现，自然就无法实现合作解。换言之，未来的合作收益是合作双方基于合作之前的某种分配比例而达成共识进而确保合作得以实现的结果，即适当的分配比例是确保协作博弈实现的保障条件。在现实的电力合作中，以中国与缅甸密松水电开发项目为例，在水电开发之前双方已就投资收益进行了分配，其中缅方的直接收益为 10% 的免费电量 +15% 的免费股权和税收收入，共占投资收益的 60.7%，中方的投资收益为 39.3%。若前景无从确定，理性主体显然是不会选择合作。鉴于此，为了清晰还原决策主体在选择是否合作这一事前决策的博弈场景，可以对“未来的合作收益”进行贴现。

2. 预期合作剩余的事前分配：讨价还价博弈

由于能源资源的属地性和不可流动性，从长期来讲，能源资源富裕的国家最终会通过资本积累和技术进步而实现所有的资源收益，那就意味着，如果国家 B 选择“不合作”，其最终得到了收益为 0，而国家 A 自然最终会得到所有的合作收益 $\Pi_{AB}(L^*, K^*, E^*)$。基于此分析，问题就回归到了“讨价还价”博弈上来了，为了简化处理，这里把最后一期（t+1 期）的收益简化为 1，显然时间是有利于 A 的，因为其最终会得到资源的全部收益。

基于讨价还价的博弈分析，假定 A 的贴现因子为 $a(0 < a < 1)$，B 的贴现因子为 $b(0 < b < 1)$，那么国家 A 希望在第 t 期时得到的合作收益为 a；为了保证合作并确保不得到结果为 0 的非合作解，国家 B 应该满足国家 A 的收益分配要求，则国家 B 获得的收益为 1 − a。在重复博弈的情况下，为了保障下一期的合作解实现，则上一期应该同样选择合作，利用博弈逆向推定方法，则在 t-1 期，国家 A 为了保障 t 期国家 B 获得 $1-a$ 的合作收益，在 t-1 期其应该保证国家 B 得到的收益为 $b(1-a)$，显然国家 A 在 t-1 期的收益为 $1-b(1-a)$。循是推论，那么到了合作决策前的第 1 期时，国家 A 和国家 B 基于合作的收益分配已达成共识，并构成

了合作的形成场景，此时国家A和国家B合作收益的博弈均衡结果为：

国家A获得的合作收益为：$\pi_A=\frac{1-b}{1-ab}$；

国家B获得的合作收益为：$\pi_B=\frac{b(1-a)}{1-ab}$。

由于$\pi_A+\pi_B=1$，显然π_A和π_B则可表示为两国所获合作收益的比例，由于合作收益为$\Pi_{AB}(L^*,K^*,E^*)$，带入等式则有：

国家A的预期合作收益为：$\pi_A\times\Pi_{AB}(L^*,K^*,E^*)$；

国家B的预期合作收益为：$\pi_B\times\Pi_{AB}(L^*,K^*,E^*)$。

不难发现，收益的大小很大程度上取决于国家贴现因子的大小（a或b），从合作视角来讲，其代表了一种国家进行跨国合作的风险偏好或耐心程度。由于不同的政府与利益集团的利益诉求、成本承担与治理权力应用不可能完全相同，这就造成对历史的评价与未来的预期存在差别，也就是时间贴现因子存在较大差别（保健云，2008）。为了便于分析，在结合贸易理论研究对象划分方法的基础上，本节假定大国和小国之间的风险偏好存在差异，基于主权经济安全的不同考量，小国的贴现因子显然要低，即其更注重短期收益，而大国更愿意获取长远利益，即贴现因子较高，这就意味着大国的贴现因子明显要高于小国的贴现因子。

（三）政治成本的相对考量、属性假定与国家类型的划分

国家之间互联电网的建设将潜在地给予一国对他国不必要的政治影响力，如果对互联电网和电网输送的电力与收入的依赖程度在互联国家间分配不成比例的情况下——一个较小的落后

的国家和一个较大的更为发达的工业化国家，那么处于较小风险的互联国家将潜在地存在把电力贸易和威胁关停电力供应作为一个政治工具来获取来自合作伙伴的让步或对其施加政治权力（United Nations，2005）。与此同时，基于电力合作的风险已清晰表明供应安全的政治考量始终伴随合作进程的事实，加之政治成本具有边际递增的特点，所以对合作政治成本的特性进行假定与还原就成为分析的重点。

1. 主体间关系相对考量下的政治成本构建

根据贸易理论对国家主体的分析范式，电力贸易国家间在买卖双方的实力对比上可以分为三种关系组——大国与大国、大国与小国、小国与小国。这种划分既可以显示不同类型国家不同的成本收益特点，又可以显示因进口依赖而承受的政治成本的差异性。为了简化分析，可以认为政治成本既是一种现实存在，又是一种基于政治心态的心理“估价”（如受到潜在威胁的程度或供应安全中断的潜在风险等，其对主体国家的警戒性较好地体现了这一点），更是对国家间相对力量的一种权衡，而且相对程度的大小反映了合作主体政治成本可承受程度的大小。可以认为，基于国家间力量的相对实力来判断国家合作行为选择具有重要现实基础和理论探索意义，因此在借鉴国际关系现实主义理论的基础上，利用相对力量概念来定义不同实力国家基于合作的政治成本考量，并将其纳入行动场景中来。

基于国际上国家间力量的现实和已有国际政治经济关系理论的分析方法，按照序数方法（即第 1，2，…，n）对国家的综合实力（视其为一种总和概念）进行排名。假定综合实力排名较为接近的国家之间存在超越和追赶关系，即位次相对靠前的“领头”国家希望保持绝对优势，而靠后的“后起追赶”国家则希望通过经济发展尽快实现彼此差距的最小化。综合实力较弱的小国为了保持政治经济安全，其理性的选择倾向有两种：一是利用某一区域或国际组织的约束力甚至通过小国间的集团合作来维持国家主权独立，这时其会依附于某一个国家集团而自立于某一大国；二是通过采用大国间的平衡外交来获取更多利益，这时其表现为外交的独立性，甚至为了对抗邻国强国的控制，而选择与其他域外大国或国家集团、区域组织合作。

假定A和B是“实力排名”序列中的两个国家，A/B就成为其考量合作的重要因素，基于前面的序数分析，A/B的大小意味着两个参与者国家行为心态的差异化。这里基于A/B的（近似）大小进行归类，其中测算方法是根据排名的比值得出，不妨假定世界上存在100个国家，根据综合实力按照1、2、3、…，n，…，100的顺序进行排列，采用极限取值方法，那么实力相当国家的取值范围为（1/2，2/3，3/4，…，99/100）～[1/2，1)；大小悬殊明显国家的取值范围为（1/100，2/99，…，49/51）～(0，1/2)。如果A/B在[1/2，1)区间内，则表示A、B两国力量悬殊差异不大（当然A国实力相对占优），处于实力几乎对等的序列中，例如在美苏争霸中美国实力占优；如果A/B在（0，1/2）之间，则表示A国为大国，B国为小国，在现实电力合作中，显然格鲁吉亚与俄罗斯的电力合作即可归为此类型。由于区域组织涉及多个国家，这里不妨对B进行扩展，假定其是由相对实力比较小的n个国家组成，即$B=\sum_{i=1}^{n}B_i$，其中B_i为某一国家集团或区域组织中一国的国家综合实力。显然 $A/\sum_{i=1}^{n}B_i$ 也同样服从上述取值范围，在经贸合作现实中的体现则既有实力比较接近的欧盟（包括 27 个成员国）与美国，也有实力相差仍较为悬殊的加勒比经济共同体（包括 15 个成员国）与美国。保罗·肯尼迪（2006）基于现实主义理论指出，如果一个国家比邻国强大，它的日子就好过；如果一个国家比邻国弱小，它可能就会遇到麻烦。由于电力的技术经济特点和网络互联的地理毗邻性，参与电力合作的国家基本上是“比邻而居”，因此实力大小或相对力量就成为理性主体国家是否选择合作或以什么样的形式合作或在什么时机合作的重要考虑因素。

2. 不同类型政治成本下主体合作心态的特点

基于上述分析，一个国家选择是否合作的政治成本考量为 $C(\frac{A}{B})$，换言之，为了实现合作，某一国家政治层面上愿意付出的合作成本为 $C(\frac{A}{B})$，根据 A/B 取值差异性的分析，显然对于不同类型的国家，政治成本存在差异。

当 $\frac{A}{B}$ 在 $(0,\frac{1}{2})$ 时，A 国为大国，B 国为小国。当 A/B 接近于 0 时，A、B 两国实力相差极为悬殊，此时有 $(\partial C(A/B)/\partial(A/B))>0$，表示国家越小，其基于合作愿意承担的政治成本越小；为了保证小国 B 存在一个基于合作愿意承受的最大限度的政治成本（存在一个最大值或上限值），要求 $C''(\frac{A}{B})\leqslant 0$。

当 A/B 在（1/2，1）时，与 B 国实力相比 A 国实力相对占优，如前所述，此时两国之间在合作关系上存在一种矛盾心理：实力相对占优的 A 国希望对 B 国保持绝对“领先”优势，而 B 国却希望缩小同 A 国的实力差距，甚至要超越 A 国。为了避免合作带来的收益会增强追赶国家的实力，相对实力占优的国家 A 在合作的主动性上会表现得极为不积极，戒备心理较为明显。换言之，对任何一个全球型或者俱乐部型霸权国家（相当于 A 国）而言，在其向国际社会或区域组织提供公共产品的过程中，必然有一个成本与收益的计算问题，不仅对提供公共产品本身的收益与成本进行计算，还有对公共产品与私人产品进行比较（保健云，2008）。基于此关系，则 A 国的政治成本考量会存在偏差，即其愿意承担基于合作的政治成本会随着 A/B 越接近于 1 而越小，即$(\partial C(A/B)/\partial(A/B))<0$；A 国存在一个为了保持"相对"绝对优势的一个最低的愿意承受的政治成本（存在一个下限值），显然要求 $C''(A/B)\geqslant 0$。而此时，对于"追赶型"国家 B，其策略选择明显会倾向于对通过合作实现自身经济发展或经济收益赋予更多的关注。

从已有文献研究和国家发展战略的实际来看，上述政治成本函数的设定是合意的。一个经济正在迅速发展的国家（如 19 世纪 60 年代的英国、90 年代的美国）总希望自己越来越富有，而不希望将巨资用于军备；大国往往会自觉不自觉地将更多的费用用于国防，但仍然感到国际环境不够安全，这仅仅是因为其他国家发展得更快，正变得更加强大（保罗・肯尼迪，2006）。从现实情况来看，作为一个逐渐崛起的大国，中国国家主席习近平也强调指出，在相当长一个时期内，中国的中心任务是经济建设。一直以来，国家权力的大小最终取决于它所在社会财富的多寡和生产率的高低。因而，国家领导人往往热衷于积极促进经济发展和经济增长，并寻找途径，利用其所带来的财富，实现地缘政治目标

（约瑟夫·格里科等，2008）。

因此，归纳上述情况，作者在此试图阐述的是：如果合作的主体是大国与小国，A/B 越小（接近于 0），即 B 国实力远远小于 A 国，那么小国 B 基于合作愿意承担的政治成本就越小，直至小到其不开展合作为止的最大可承受的“最低”政治成本；如果合作的主体是实力比较接近的国家，A/B 越接近于 1，即 B 国实力与 A 国实力的绝对差异越来越小，那么处于优势的 A 国愿意承担的合作成本就越小，这就意味着为了保证合作的实现存在一个其最低可承受的“最大”政治成本。

（四）合作背景下行动主体的合作收益、合作成本与合作净收益

作为理性的主体，在成本收益行动场景明确的情况下，国家“合作”策略的选择取决于净收益的大小。在前述合作成本的分析中，经济成本是以真实发生的切实反映彼此要素投入的生产性支出，鉴于合作收益，为合作发生（或获取合作收益）而投入的要素成本即为经济成本。在收益（分配）明确的情况下（实际上合作收益就是电力生产贸易所得到的收益，而成本在每一个博弈起点都是实在发生的，对于主体而言是变动的，是策略性行为调整的关键所在），成本的变动就成为合作的重要考量因素，同时成本随着合作的深入而呈现出边际递增的特点，也就意味着合作在“动态成本”的影响下会发生调整。假定要素价格和产品价格不发生变化，并且两国要素价格相等（对应的机会成本根据研究需要视其为不确定的），在不考虑汇兑损失的情况下，合作主体在是否选择合作（合作前的行动场景）这一博弈起点时的净收益表达

式如下：

A 国因参与合作而获得的净收益表达式为：

$$Y_A=\pi_A\times\Pi_{AB}(L^*,K^*,E^*)-(L_A^*\omega_A+K_A^*\gamma_A+E_A^*\varphi_A)-C_A(\frac{A}{B})\quad(1)$$

同理，B 国参与合作而获得的净收益表达式为：

$$Y_B=\pi_B\times\Pi_{AB}(L^*,K^*,E^*)-(L_B^*\omega_A+K_B^*\gamma_A+E_B^*\varphi_B)-C_B(\frac{A}{B})\quad(2)$$

为了保证联合生产而需要生产要素的联合供给，显然基于合作净收益的实现，则有：$K^*=K_A^*+K_B^*$（考虑到要素合作形式，假定 B 国为资本富集国，显然此种情况下，合作两国的经济成本面临的约束会更为复杂，在下文具体讨论时会着重分析，如资本的机会成本等）；$L^*=L_A^*+L_B^*$（存在技术人员的跨国流动）；$E^*=E_A^*+E_B^*$（严格意义上，B 国由于其资源禀赋不足，其相应的能源要素比重几乎是可以忽略不计的，两国的合作使得共同生产成为可能，为了维持这种生产协同，需要共同承担或付出要素成本价格，这是一种基于合作按照比例分配的成本负担）。当然，如果从构成合作主体行动场景中的"成本收益"来看，那么$(L_A^*\omega_A+K_A^*\gamma_A+E_A^*\varphi_A)+C_A(A/B)$和$(L_B^*\omega_A+K_B^*\gamma_A+E_B^*\varphi_B)+C_B(A/B)$就是合作成本（经济成本与政治成本之和）。

二、主体行为目标、博弈形式与合作型博弈实现的成本收益条件

（一）收益比较与主体行为目标

罗伯特·吉尔平（2005）认为，国际体系是一个不断变迁的过程，应用边际收益、边际成本等概念提出理解国家行为变化、

国际体系变迁的一系列假说，对国际体系变迁的内在动力进行解释。与此同时，新现实主义者认为国际合作之所以非常困难，就是因为国家在合作过程中关注的主要是相对收益问题（David，1993）。基于此，结合电力合作的经验事实，一个国家主体选择合作与否是其针对某一时刻（场景）成本与收益的比较结果，不仅意味着同一主体合作决策的选择是合作前与合作后两种状态“相对收益”纵向比较的静态结果，而且也是不同主体间合作收益横向比较的结果（是一种策略互动），整个过程可以用以下方式来表示〔蕴涵机理：主体预期－合作发生－收益结果（预期偏差）－策略选择〕：

$$\frac{A}{B} \leftrightarrow \frac{A+\Delta A}{B+\Delta B} \leftrightarrow \frac{A'}{B'}$$

A/B是合作前两国基于合作而预期收益的相对情况，A′/B′是合作实现后两国实际收益的相对情况，（A+ΔA）/（B+ΔB）表示合作前后相对收益的实际变化情况，用合作净收益的大小来表示；箭头方向表示两种不同的策略状态，即正向箭头保持“选择合作”和继续“选择合作”，负向箭头表示选择“不合作”。不难发现，能否实现合作的预期目的〔即E（A/B）=A′/B′〕，取决于ΔA/ΔB的实际变动情况，从主体博弈的视角来看，显然这是一个动态的博弈过程——从不合作的“囚徒困境”到实现合作的“协作博弈”。行动对行动的策略直接取决于相对收益的变动，所以协作博弈并不是稳态的纳什均衡。如果不能保证基于A′/B′实现ΔA和ΔB的分配公平和分配保障（主要为小国利益的保障），那么合作就无法实现或深入的合作就无法有效推进。与此同时，如前所述实力相当的国家间存在“反赶超”和“赶超”的较量，ΔA/ΔB变动的大小（主要涉及利益分配），也就是A、B两国边际收益的多少，自然会引发合作大国一方基于合作后其“相对力量”变动的多少而对其合作策略进行暂时或永久性调整，这时两国的合作博弈转化到合作收益如何分配上，尤其是基于短期利益和长期利益获取的方式上进行策略性互动（单纯从理性主体出发，任何国家参与合作就是为了最大化自己的合作收益，即实现max ΔA或max ΔB，和最小化他方的对应的合作收益，即min ΔB或min ΔA）。当然，只要合作双方还是担心对方会把增大了的能力用于不利于自己的活动，那么，即使存在很高的绝对收益前景，它们还是不会合作的（肯尼思·华尔兹，2008）。由于担心生存利益和现有“地位”的被挑战，在合作中就表现出任何国家在任何一组关系中，其主要目标不在于获得可能的最高的个体收益，相反，在于阻止其他国家获得相对能力上的优势（Grieco，1988）。

综上分析，作为事前合作的预期收益和事后继续合作之前损益变动的历史信息的ΔA/ΔB（或者ΔA和ΔB的大小），处于关键的节点，在个体理性下决定着合作的方向和合作的进程。为了更好地显示出这一动态演绎过程，这里对合作主体的绝对收益与相对收益情况进行分析，通过引入上述的式（1）和式（2），得到下述三个表达式：

$$\Delta A=\pi_A\times\Pi_{AB}(L^*,K^*,E^*)-(L_A^*\omega_A+K_A^*\gamma_A+E_A^*\varphi_A)-C_A(\frac{A}{B}) \qquad (3)$$

$$\Delta B=\pi_B\times\Pi_{AB}(L^*,K^*,E^*)-(L_B^*\omega_A+K_B^*\gamma_A+E_B^*\varphi_B)-C_B(\frac{A}{B}) \qquad (4)$$

$$\frac{\Delta A}{\Delta B}=\frac{\pi_A*\Pi_{AB}(L^*,K^*,E^*)-(L_A^*\omega_A+K_A^*\gamma_A+E_A^*\varphi_A)-C_A(\frac{A}{B})}{\pi_B*\Pi_{AB}(L^*,K^*,E^*)-(L_B^*\omega_A+K_B^*\gamma_A+E_B^*\varphi_B)-C_B(\frac{A}{B})} \qquad (5)$$

同时，由于合作涉及共同利益或共容利益，在考虑相对利益的情况下，可以得出共容收益的表达式：

$$\Delta A+\Delta B=\pi_A\times \Pi_{AB}(L^*,K^*,E^*)-(L_A^*\omega_A+K_A^*\gamma_A+E_A^*\varphi_A)-C_A(\frac{A}{B})+\pi_B\times$$

$$\Pi_{AB}(L^*,K^*,E^*)-(L_B^*\omega_A+K_B^*\gamma_A+E_B^*\varphi_B)-C_B(\frac{A}{B}) \qquad (6)$$

分析上述4个表达式，不难发现，式(3)和式(4)表示个体的收益变化，式(5)为博弈主体间的利益分配情况，式(6)表示共同利益或利益相容，分别对应着不同的主体基于合作背景下的不同目标选择。然而，在个体理性的情况下，上述4式则分别表示不同的策略选择，相互间根据策略选择的不同而表现出个体理性与集体行动的相容与相悖。由于不同的策略选择构成了不同的博弈形式，上述各式的变动构成了分析的基础。下文主要从利益形成、利益分配和利益相容情况分别进行主体合作条件变动的分析，以阐述电力合作进程中不同的演变形式。

(二)个体收益能否实现帕累托改进下的博弈形式与行为选择

对于合作主体而言，合作行为选择的首要前提条件就是能否实现个体合作净收益的改进或边际收益大于0。对应于式(3)和式(4)，则意味着是否有$\Delta A>0$且$\Delta B>0$。如果合作实现不了个体收益的增加或纵向收益的帕累托改进，即$\Delta A\leqslant 0$或$\Delta B\leqslant 0$，那么对于任意一个理性行为主体而言，则就意味着其选择“合作”与“不合作”的策略行动所得到的支付是相同的，甚至出现了因合作而造成了绝对利益的损失，那么选择“合作”的互动策略显然是非理性的，因为相比于不合作，其合作的收益反而减少了。基于横向比较，如果出现$\Delta A>0>\Delta B$，意味着合作造成了彼此收益的不对等，对B国而言，合作的净收益<0，显然对其是不利的；对A国而言，则获得了收益的帕累托改进，显然这种状态下处于劣势的B国存在“背叛”的个体理性选择。反之，若$\Delta B>0>\Delta A$，则A国同样存在“背叛”的理性选择。如果从合作主体国家类型来看，如果B为小国，A为大国，基于合作预期收益应为$\Delta A>0$且$\Delta B>0$，而实际收益为$\Delta A>0>\Delta B$，显然小国会认为其收益被大国所侵犯，根据行动能力其对应的策略选择可以是“强势抗争”下的不合作（或另寻合作主体）与“弱势妥协”的不情愿或被迫合作（合作是一种次优选择）。

从合作的成本收益情况来看，基于净收益的表达式（3）和式（4），如果假定$\Delta A>0>\Delta B$，那么对于B国而言，显然是$\pi_B\times\Pi_{AB}(L^*,K^*,E^*)<(L_B^*\omega_A+K_B^*\gamma_A+E_B^*\varphi_B)+C_B(A/B)$，即合作收益<合作成本，相比于收益，因合作而发生的成本明显偏高了。从策略安排的角度来看，如果主体国家B为了选择“不合作”，就可以通过高估其合作成本而降低其合作收益来实现于其不利的“合作”策略安排。同样，如果B国付出了较高的合作成本，而事实却是合作收益无法弥补成本并无法实现改进，则不合作的“背叛”行为就会发生。

假定合作净收益存在帕累托改进，即$\Delta A>0$，$\Delta B>0$，不妨令：

$(L_B^*\omega_A+K_B^*\gamma_A+E_B^*\varphi_B)+C_B(A/B)<(L_A^*\omega_A+K_A^*\gamma_A+E_A^*\varphi_A)+C_A(A/B)$，$\pi_A\times\Pi_{AB}(L^*,K^*,E^*)<\pi_B\times\Pi_{AB}(L^*,K^*,E^*)$，意味着对于合作主体A而言，虽然实现了合作净收益的增加，但其付出的合作成本和对应的合作收益却是不对等的，如果从合作类型来看，假定A国是合作中

的小国一方，其选择合作与否取决于对弈主体的净收益相对大小与成本可承受程度。如果A国是合作中“追赶型”大国，对弈的一方为小国或相对占优的大国，其可以通过这种策略性安排（多付出成本而少获取收益）来实现对方的合作。从上述策略互动情况来看，由于构成主体净收益结构的多样性，其所引起的支付结构和策略安排也是不断变化的。因此，支付结构的多样性和相同支付下不同的策略选择（成本收益的不同组合），使得这一博弈形式下的合作往往是最不稳固的，也使得在具体合作形态上表现出不同的类型。

（三）个体相对收益最大化与合作的囚徒困境

“我们为群体尽心尽责，就是为利益尽心尽责”（拉塞尔·哈丁，2013），个体认同某一个群体，乃是因为他们的利益使然。相互依赖关系的代价和收益的核心是如何分配收益，追求最大限度的收益（不管是绝对收益还是相对收益）是行为体的本质特征（贾军安，2007）。正如肯尼思·华尔兹（2008）所言，在面临通过合作可以相互获益的情况下，那些感到不安全的国家肯定会关心这种收益如何分配；它们不是问“我们俩都能获益吗”这样的问题，而是问“谁将得到更多”这样的问题。基于此，从个体收益最大化或个体相对收益最大化来看，则有行动者A和行动者B都试图最大化自己的合作收益或相对收益，则有 $\max\Delta A$ 且 $\Delta A/\Delta B>1$，或者 $\max\Delta B$ 且 $\Delta A/\Delta B<1$（净合作收益均大于0）。从博弈矩阵来看（如表5-2所示），当A选择策略 A_1、B选择策略 B_1 时，对应的支付结构为 $(\Delta A_1, \Delta B_1)$，满足 $\max\Delta A$ 和 $\Delta A>\Delta B$；同理，当B选择 B_2，A选择 A_2 时，则有支付结构 $(\Delta A_2, \Delta B_2)$，满足 $\max\Delta B$

和 $\Delta A < \Delta B$；比较上述支付结构，由于 $\Delta A_1+\Delta B_1=\Delta A_2+\Delta B_2$，显然有 $\Delta A_1>\Delta A_2$，$\Delta B_2>\Delta B_1$。基于理性，从支付最大化导向的策略选择来看，对于行动者A，其最优的策略选择为 A_1，对于B则最优策略选择为 B_2，然而得到的支付结构却为（0，0），显然不是最优结果。如果为了实现共容利益或集体利益，对于A和B而言，集体最优的策略选择显然是（A_1，B_1）与（A_2，B_2），自然这种策略选择是无法实现 $\max\Delta A$ 且 $\max\Delta B$。上述分析表明，在个体都追求收益最大化的博弈情景下，则必然造成非合作型博弈，进而使最大化合作收益的集体行动难以实现。换言之，如果博弈双方关注的主要问题是绝对的收益，而不管相对收益的多或少，那么在博弈的某个时间点上，彼此就会达成合作型的“契约”安排。如果合作主体都过分关注相对收益的多少，即都试图获得各自收益的最大化，那么围绕收益的分配，行动协调的难度明显是比较大的，甚至严重时因利益的严格不兼容，造成集体最优难以实现的合作囚徒困境。因此，从合作进程来看，如果合作的主体过于追求自我利益的最大化，并且彼此无法实现利益分配的协调，那么必然造成合作的停滞不前，严重时会造成合作的逆转。

表5-2　行动者最大化相对收益下的博弈矩阵与支付结构

		行动者B	
		B_1	B_2
行动者A	A_1	ΔA_1，ΔB_1	0，0
	A_2	0，0	ΔA_2，ΔB_2

根据理性人收益最大化与成本最小化的经济学理论假定，结合净收益表达式来进一步分析净收益最大化下行动主体成本收益的策略选择行为。要使行动者A和B实现 max ΔΛ 和 max ΔB，则问题等价于 $max\pi_A \times \Pi_{AB}(L^*, K^*, E^*)$ 且 $min(L_A^*\omega_A+K_A^*\gamma_A+E_A^*\varphi_A)+C_A(A/B)$ 和 $max\pi_B \times \Pi_{AB}(L^*,K^*,E^*)$ 且 $min(L_B^*\omega_A+K_B^*\gamma_A+E_B^*\varphi_B)+C_B(A/B)$。由前述合作收益的“讨价还价”来看，在不同主体贴现因子不发生变化的情况下，彼此基于预期分配的合作收益（或合作剩余）是一个合作均衡解。由前述的分析可知，任何试图最大化合作收益的策略行动都将导致对外向型合作主体或能源资源禀赋不足的国家不利的局面。循是推论，那么最小化合作成本就自然成为行动者彼此最优的策略选择。

在集体行动中，基于理性，任何行动者都试图负担最小的合作成本。然而，由于彼此之间是策略性互动，从理性主体“成本收益”视角来看，若要“合作”发生，A 国基于“合作倾向”愿意承受的合作成本为 a，其希望 B 国承受的最低合作成本为 b。同理，B 国愿意承受的合作成本为 a'，其希望 A 国承受的最低合作成本为 b'，即 B 国对应的组合为 (a', b')。如果 $(a-b')\times(a'-b)\geqslant 0$（显然要求 $(a-b')\geqslant 0$ 且 $(a'-b)\geqslant 0$），则合作会发生；如果 $(a-b')\times(a'-b)<0$，则合作会因某个国家的“机会主义行为”而解散。同样，随着合作的国家扩展到 $n+1$ 个时，假定其他 n 个国家希望 A 国承受的最低服从成本为 $\sum_{i=1}^{n}b_i'$，其中 b_i' 为第 i 个国家希望 A 承受的最低服从成本。如果 A 愿意承受的服从成本总计为 $\overline{a}$，且 $\overline{a}<\sum_{i=1}^{n}b_i'$，则其他国家就会认为 A 国存在“成本收益”不对

等的机会主义，会要求对A进行惩罚，轻者会将其把服从成本提升至均衡水平，重者会将其剔出集体行动。然而，合谋的存在，也会使得其他国家在独立第三方缺位或区域性监管机构不完善的情况下，对A的实际合作成本 $\overline{a}$ 进行基于共识的“贬低”（或放大其收益），造成A被孤立甚至被剔出区域合作的行动。从区域合作深化的视角来看，这种实际上是其他国家愿意付出的合作成本严重偏低而孤立或驱逐A的局面，会因对A积极性的打击造成“劣币驱逐良币”，进而阻止区域合作进程。以俄罗斯与环波罗的海地区电力合作为例，成立于20世纪90年代后半期由拉脱维亚、立陶宛、爱沙尼亚以及其他国家公司组成的环波罗的海地区电力合作组织，于1998年组织倡议开始建设环波罗的海项目的可行性研究，其目的就是要在排除俄罗斯参与的情况下，将波罗的海三国——瑞典、芬兰和波兰的电力系统进行联网（斯·日兹宁，2006）。

因此，在策略互动的合作情况下，如果任意一方愿意承担的“最小化”成本超出了另一方希望其付出的“最低”成本，那么合作就不会发生。与此同时，从成本的递增特点来看，无论是政治成本还是经济成本，其随着电力合作的演进而呈现出增加的趋向，加之主权政治安全让渡的现实困难——无论是大国还是小国都存在负担成本的“极限”（或行为限制），在此情况下，任何单方面成本最小化的策略性选择对于彼此试图最大化合作收益、最小化合作成本的集体行动显然是不利的，基于长远考量，这一种短期行为不利于合作的深入推进。

（四）最大化共同利益下的集体行动与个体的机会行为：利益共容与机会行为

对于电力合作而言，前述的分析较为清晰地阐释了相对于各自封闭生产，合作能够实现资源利用的帕累托改进，进而产生合作剩余。当不涉及收益分配或试图最大化相对收益的情景下，对于行动主体而言，旨在实现绝对收益或共同收益最大化的集体行动无疑是最优的策略选择。在此情况下，有 $max(\Delta A+\Delta B)$，意味着对于行动者 A 和 B，其合作的行动目标主要是最大化合作收益的蛋糕，在此共同利益最大化的影响下，彼此很容易就此达成相互合作的默契。从电力合作的阶段来看，为实现共同利益最大化的策略选择处于合作的起始阶段，由于不受相对利益份额的影响（因为个体利益与共同利益是相容的，所以利益的协调相对比较容易），博弈双方显然认为共同行动以此最大共同利益的蛋糕是最优的战略性选择。然而，由于电力合作的资产专用型投资和资源开发利用的实际投资，如互联电网与电源的建设等，使得为了共同合作而发生了大量的合作成本，一旦合作失败，就成为了沉没成本，对于合作主体均会带来极为负面的影响。基于式（6），如果实现共容利益的合作是基于一方（假定为 B）承担过多的合作成本（主要为经济成本）的话，即 $(L_A^*\omega_A+K_A^*\gamma_A+E_A^*\varphi_A)<(L_B^*\omega_A+K_B^*\gamma_A+E_B^*\varphi_B)$，显然对方的机会行为将对合作另一方造成更大的损失，显然在 BOT（建设—运营—转交）的合作模式下损失更大。以中国与缅甸合作建设的密松水电项目为例，缅甸单方面项目搁置，已造成中方承担了大量的损失（中方投资金额达

到37亿美元)，仅设备停放损失每月就高达上千万人民币。存在合作的共同利益并不意味着双方的合作就一定能成功(苏长和，2009)，沉没成本发生的可能性，使得合作的双方往往要求对方处于相互承诺或相互保证的状态。由于担心对方不合作的“机会行为”造成大量的沉没成本，不确定的环境和相互的疑虑，可能使保证型博弈中的合作不能达到帕累托最优(Martin，1993)。因此，互利共赢的电力合作却因单方的机会行为而无法实现彼此双赢的局面，机会主义的存在会使集体行动陷入困境。从博弈矩阵来看(如表5-3所示)，假定 C_A 与 C_B 分别表示为行动者A与B因对方的机会行为而发生的沉没成本(假定 $C_A = C_B < 0$)，根据合作下共同收益最大化的假设，不难得出如下支付关系，$\Delta A_1+\Delta B_1 > \Delta A_2+\Delta B_2$，$\Delta A_1 > \Delta A_3 > \Delta A_2 \geqslant 0$，$\Delta B_1 > \Delta B_3 > \Delta B_2 \geqslant 0$，由于个体利益与集体利益是互容的，则有 $\Delta A_1=\Delta B_1$，$\Delta A_2=\Delta B_2$。从各自不同策略的支付情况来看，无论是基于个人的支付还是整体的支付，行动者共同选择策略性行动“合作”显然是“最优”的。然而，同样从支付结构来看，由于 $\Delta A_1 > 0 > C_A$，$\Delta B_1 > \Delta B_3 > 0$，就意味着如果行动者B基于机会主义选择“不合作”，那么行动者A将造成极大的损失。同理，行动者A选择机会主义，那么B也将承受极大的损失。为了避免因机会主义行为而造成共容的共同利益无法达到帕累托最优，通过信息的充分交流，减少环境的不确定性因素，降低博弈方的单向机会主义倾向，使合作始终保持在相互间的信任过程中就愈发重要(苏长和，2009)。在电网互联的情况设立政府间的沟通机制是必要的，因为互联的政府之间必须就电力买卖的协议与条件达成一致，就共享互联电网的运营形成合作(United Nations,2005)。这也是当前在电力合作的国际实践中,双边合作需要政府间达成合作协定和合作项目政府背书的考量所在。基于长远合作,在利益共容的情况下,避免任何机会行为而实现互利共赢的策略安排显然是最优的合作。从具体策略安排上,为了实现 $max(\Delta A+\Delta B)$,根据表达式(6)不难发现,一方面可以通过更大范围配置资源来增进合作剩余(合作收益) $\Pi_{AB}(L^*, K^*, E^*)$,如增加合作伙伴,另一方面,彼此可以在合作成本上进行策略性安排,以实现成本的最小化。

表 5-3　共同利益最大化与机会行为下的博弈矩阵与支付结构

		行动者 B	
		合作	不合作
行动者 A	合作	$\Delta A_1, \Delta B_1$	$CA, \Delta B_3$
	不合作	$\Delta A_3, C_B$	$\Delta A_2, \Delta B_2$

(五)集体行动下合作最优解实现的可行性条件及约束

个体理性和自我利益的维护并不必然带来集体利益的最优,相反会造成非合作的囚徒困境,进而影响集体行动的实现。但同时,基于个体理性,在集体利益与个体利益互容的情况下,合作的可能性又是切实存在的。合作的可能发生与合作的囚徒困境辩证地表明了合作的复杂性,而要实现行动者“合作”的策略互动,就需要调和这种矛盾,实现基于个体利益与集体利益相容不悖的行动场景。

从博弈矩阵来看，要实现合作的最优均衡解，则对应的行动者支付结构如表 5-4 所示。由于“合作”是最优均衡解，“不合作”自然是最差博弈策略，则不同策略下对应的支付之间存在如下关系：$\Delta A_1 > \Delta A_2\ (\Delta A_3) > \Delta A_4 > 0$；$\Delta B_1 > \Delta B_2\ (\Delta B_3) > \Delta B_4 > 0$。由于“不合作”并不能实现任意一方保证获得占优的相对收益（即不存在机会行为的空间），则有每一个策略组合下的支付相等，即 $\Delta A_i = \Delta B_i\ (i=1,2,3,4)$。显然在此支付结构下，不合作的策略选择并不能保证行动者获得更好的相对收益，也不能损害不合作的相对收益，相反却因“不合作”造成个体相对收益和集体共同利益达不到最优而陷入非占优状态，有悖于个体的理性选择。对于行动者 A 与 B，其唯一的最优策略均衡解就是（ΔA_1，ΔB_1），此时个体相对利益与集体绝对利益都达到最优，并且相互间不存在相互背离的机会行为。然而，当策略选择“合作”与个体或集体利益构成了因果关系，那么就其背后的逻辑或隐性力量显然是合作信息的充分沟通，进而形成了促进合作的有效机制——个体利益获取能够得到保障和相对公平分配的共同预期。与此同时，在现实

表 5-4　合作最优策略均衡解下的博弈矩阵与支付结构

		行动者 B	
		合作	不合作
行动者 A	合作	$\Delta A_1, \Delta B_1$	$\Delta A_2, \Delta B_2$
	不合作	$\Delta A_3, \Delta B_3$	$\Delta A_4, \Delta B_4$

国际政治生活中，无论何种博弈形式，博弈参与者常常是在彼此实力不对等的情况下进行博弈的，而且这种博弈形态呈现出一般性和常态化。进一步言之，如果没有合适的分配机制确保其在两国之间“科学合理”分配，其自然就会引起两国之间合作意愿的走向，甚至会引发从协作博弈退回到囚徒困境的泥淖中。如果扩大其内涵，从国际关系视角来讲，这种分配会引起彼此力量对比的变化，进而基于这种担忧和不同国家考量因素的差异，就会引发合作意念的“误判”，造成非合作行径。穆兰（Moulin，1995）认为，一个理想的合作机制应该满足的条件是合作的结果是公正的，是有明确文件规定的并关系结果的稳定性。

整体而言，从前述的不同收益下的博弈分析来看，由于合作涉及不同层面的收益与成本，合作阶段性的差异和对应的损益差异，使得各个合作主体的策略性选择充满了极大的不确定性；同时，为了保障合作的最优策略实现，亟需主体间的利益协调与信息沟通（前述的分析均假定交易费用为 0），而随着合作主体的增多，相互间的讨价还价会使得交易成本大幅提升，进一步影响合作的意愿与偏向。此外，在没有制度规范和国家制度差异显著的情况下，机会行为的发生也往往使得合作剩余无法实现，造成合作策略方承受严重的损失。因此，唯一最优合作策略均衡虽然存在实现的可能性路径——将共同任务与挑战转化为合作动力和共同利益，从而扩大合作、管控矛盾，却面临着重重的困难和不可逾越的成本约束条件。结合当前合作的实践来看，这也就造成了当前电力合作要实现深入合作乃至实现（Pineau 等，2004）“三个维度”下区域电力市场一体化的原因所在。

第六章 跨境电力合作与制度性障碍的边境效应

第一节 市场边界

从理论研究进展上来看，随着比较成本理论（the comparative cost theory）对国际贸易模式解释能力的质疑越来越大，许多研究认为形成新的用来分析贸易问题的框架愈发重要，而这个框架的主要因素为规模经济（economies of scale）、产品差异化（product differentiation）和不完全竞争（imperfect competition）。克鲁格曼（Kurgman，1980）指出，当两个（国内）不完全竞争的经济体间允许贸易，将会从中获得不断增长的产出回报和贸易收益，即使两个经济体拥有相同的偏好、技术和要素禀赋。电力商品兼有公益性的特点，这就要求对其的消费具有无歧视性和可及性，为了实现这一点就需要对其价格进行管制。与此同时，作为生活必需品，电力需求又呈现出明显的粘性，这就意味着其价格是无弹性的，或者至少从短期来看其需求对价格的反应是有限的。基于此，这里假定对于任意国家来说，其电力价格（至少在短期）是缺乏弹性的（inelastic），同时，前述分析表明仅靠单一的封闭市场难以实现资源的最优化生产、利用与配置，也意味着在封闭状态下任意一个国家的电力需求或供给都是受“约束”的。循是推论，电力贸易自然要打破这种非均衡状态，以此实现开放经济下不同国家电力市场“潜在”的供求平衡这一完全出清状态。从产业特性上来看，电力行业由于自身的资产专用性和成本弱加性，天然具有自然垄断的特性，加之各国都不同程度上对电力生产经营情况或准入情况进行管制，使得电力行业的市场竞争程度不高。不完全的竞争市场使得新的贸易分析框架能较好地对当前电力贸易进行理论分析，并得到克鲁格曼言下的“贸易收益”。

从国家定义来看，任意国家都具有领土主权特征，即国家有主权边界，自然附属在领土辖区内的市场经济活动在国家处于封闭状态或完全主权下同样存在“边界”，亦即主权界线对国家间理论上的“统一”市场形成了行政分割，限制了商品和生产要素在更大时空范围的自由流动。为了便于分析和突出主权色彩下的市场分割，将其称为国家的“市场边界”①。经济理论认为，狭隘的或受保护的市场在缺乏竞争的情况下不仅会造成主权界线内企业“高利润率、低资本周转率、高产品价格”的“非帕累托”矛盾状态，而且也会因市场垄断造成消费者需求无法得到有效满足且带来福利损耗。市场边界的存在显然不利于“贸易自由化”条件下资源的优化配置。下文基于图 6-1 进行分析。

假定在国家封闭（非合作）状态下，市场供求关系为需求大

---

① 该定义不同于经济学意义上的市场边界概念。在经济学上，市场边界通常指市场发挥配置资源作用的范围，相比于政府干预或调节资源效用而言，意味着这个边界是作用的效力范围，是抽象的概念，界限就是政府与市场的作用范围的区隔，从范围上来讲，市场边界的概念要大于行政管辖下的市场边界的概念。

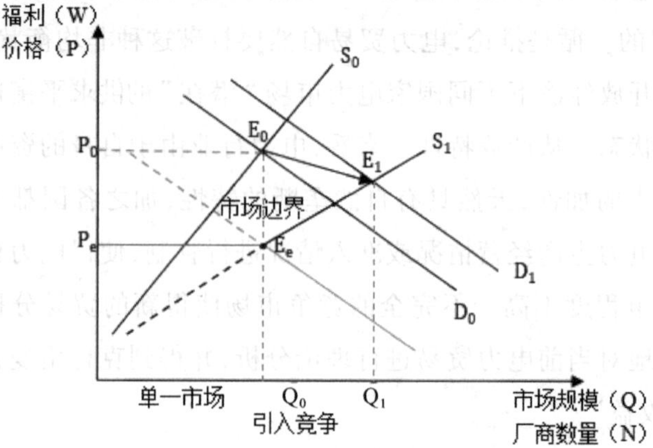

图 6-1　市场边界、范围经济与市场均衡的演变

于供给（存在需求缺口），需求曲线D_0与供给曲线S_0相交于E_0点，在需求无法满足（需求缺口为$\overline{D}-D$）的状况下，消费者社会福利的最优化显然无法实现。为了改进这种状况，开展电力贸易就成为满足电力需求的重要途径。市场的开放带来市场供给主体的增多，国内供给曲线S_0移动到S_1，供给的增加直接造成潜在需求的释放，需求曲线从D_0上移至D_1，此时潜在需求$\overline{D}$得到满足，电力市场供求均衡点为E_1。比较封闭状态下的市场均衡E_0，不难发现，电力贸易破除了单一国家的市场边界，使得电力在更大范围内实现了优化配置。通过比较均衡分析可以发现，由于市场边界的存在，封闭的市场均衡只能在E_0实现，在维持同等需求的情况下，相比于开放后的市场均衡E_e，其对社会福利的扭曲是比较大的，消费者剩余（面积$P_0E_0E_eP_e$）被大量“侵占”。基于电力的公益性，“侵占”则意味着电力的可及性和无歧视性的公益性消费并没有实现，相反却出现电力价格偏高和电力供应不足的状况。因此,电力贸易有利于实现在整体社会福利帕累托改进条件下的国内市场供求的均衡。换言之,从贸易资源流动情况来看,市场边界的存在无形中形成了贸易障碍,很容易造成贸易主体无法在更大范围内实现资源的优化配置,严重影响了资源互补状态下的整体社会福利的帕累托改进或最大化。

第二节　制度性差异与边境效应

一、制度性差异是客观存在的

理论分析表明,贸易有利于改善开放经济的社会福利。与此同时,全球化也造成了国家之间和国家内部关于国内标准及社会制度之间的冲突,有不同价值、标准、制度和集体偏爱的国家开始为本国产品领先市场而相互竞争(郑永年,2009)。丹尼·罗德里克(2009)指出,国家间的边境线界定了政治和法律管辖范围,而这种界定对市场的分割与运输成本或边境税所起的作用几乎一样,对商业有很大的抑制性影响,这就是所谓的“边境效应”。巴哈和绍瓦热(Bahar & Sauvage,2013)也认为,国家间存在的技术性和政策性障碍(technical and policy-induced barriers)在电力贸易中扮演了贸易“楔子”,即阻碍跨境电力贸易的作用。斯基德莫尔等(2014)指出,自由贸易协定具有根本的讽刺,作为政府的协定,其在降低贸易壁垒的同时,却并没有消除至少没有全部消除壁垒。严格地说,“自由贸易”的标签一直名不副实,没有达到贸易完全自由,只是代表了国家贸易管理的新条款——制度安排。

从贸易的层面来看，在电力市场远远超出行政（司法管辖）疆界时，为它提供支持的制度却仍在很大程度上是国家性的，这容易造成制度不一致的差异性（丹尼·罗德里克，2003）。鉴于电力公用事业机构仍被管制，使得加拿大与美国进入彼此国内电力市场较为有限，造成二者之间的电力贸易在过去十年间波动很大（Plagiannakos，2000）。世界银行（World Bank，1999）针对GMS电力合作的战略指出，除了老挝与泰国外，其他国家的政策目标主要关注的仍是本国内，泰国因自身电力需求而对区域电力贸易极为重视，而老挝则由于自身处于发展进程中，其政策关注的主要是吸引外资尤其是鼓励私人资本积极参与电力出口电源的投资。

二、制度性差异的贸易楔子作用

制度经济学理论的核心观点是制度的差异性会造成交易费用的增加，这是因为主权边界的存在自然会造成市场（要素市场和商品市场）的分隔。在制度差异的影响下，跨国市场间的协调或交易程序要远远复杂于国家辖域内市场主体的交易，这就造成了贸易收益在一定程度上因国家市场边界的存在而达不到最大化，亦即发生了一定程度的贸易流量或贸易收益的“耗散”或“抵消”。

安德森和马库伊勒（Anderson & Marcouiller，2002）最早阐述了制度对贸易重要性，认为制度性障碍会导致一个价格加成（price mark-up），而且这个价格加成的高低取决于制度质量的好坏或差异的大小，价格加成的存在会对贸易产生两种影响：一是造成非贸易品替代贸易品，即替代效应，二是实际收入效应。在自由贸易或贸易部门是竞争的条件下，出口国流向进口国的贸易量为 1，假定两国是异质政体或经济单元，相互存在制度性差异，因制度差异而发生的成本造成实际贸易量为 $1/\lambda$（$\lambda>1$），显然 1 大于 $1/\lambda$，阻碍了贸易规模，也一定程度上限制了（域外）竞争，那么 λ 就是制度性差异引致的成本。正是基于此功能，制度性差异的存在是相较于自由贸易或贸易部门充分竞争情景下的比较概念，即是否造成制度或政策性贸易障碍（institution or policy-induced barriers）。

第三节　制度性差异与贸易福利关系的理论分析

一、制度性差异对贸易主体福利的影响

（一）制度性差异影响下的一般均衡分析：模型构建与数理推导

对贸易障碍（trade barriers）与双边贸易关系的研究是国际贸易理论研究的重点领域之一。在制度经济学看来，制度会通过对微观主体行为的影响而造成对经济社会资源配置的规模与方式，效率与公正，流量与流向等产生影响。对于理性的主体国家或经济体而言，这一传导效应同样存在。单独的国家货币体系的存在为交易成本对贸易的限制提供了例证，研究发现，使用同一种货币的国家间的贸易量比使用不同货币的国家间的贸易量高三倍（Rose，1999）。而且，这种影响比汇率波动本身的影响要大得多。

假定在开放经济环境下A国受其国内制度的影响，通过对外合作（贸易）和国内自主两种方式来实现资源（广义层面，包括生产资源和社会财富等）的配置，意味着资源从流向上可分为国内和国外两部分，国外部分表现为进口贸易与出口贸易（统称为贸易方式），贸易的方向和规模在“制度信号”的影响下进行或正向或逆向的调节。对于B国而言，作用机理一致。由于A国和B国都在相应制度环境的影响下进行资源配置，在开展贸易的情况下，彼此在配置资源方式上的制度性差异就会显现出来。为了实现贸易契约的达成或交易条件的完成，相互间就会产生制度协调成本，制度性差异越多，协调成本越大，自然引发的交易成本越高，使得资源在经济体之间的配置效率与效益受到抑制。这也是制度性差异成为贸易壁垒的原因所在。因此，制度性差异的存在会产生交易费用，且交易费用的高低同制度性差异的大小保持一致。

基于此，根据研究的需要，假定两国之间的制度规范存在着两种类型：一是相似性；一是不对称性。假设相似性需要的交易费用为δ_1，不对称性下发生的交易费用为δ_2，显然有$\delta_1 < \delta_2$。为了凸显制度性差异或交易费用对贸易流向与流量的影响，可视其为贸易商品的价格构件之一，并以额外成本的形式反映出来，最终嵌入商品的需求。张五常（2014）指出交易或制度的费用是成本，其变动引起的行为是受需求定律约束的。基于此，假定贸易流向是从A国到B国，制度差异引致的交易费用的存在使得理论上最佳的贸易流量Q^*无法实现，这意味着制度差异“溶化”了部分贸易流量，这就所谓的冰山型（iceberg）成本。为了比较制度差异对贸易流量规模和社会福利的影响，这里使用一般均衡的

比较静态分析方法。

根据市场均衡条件,假定B国国内市场的供求曲线为线性,制度差异引起的交易费用或制度成本嵌入最终销售或供给价格,基于价格会对供求发挥调节作用,分别列出价格基于供求的函数表达式。从生产企业来讲,一般性的供给函数反映的价格是不包括制度成本的,但最终的供给价格则为包括制度成本的价格加价。因此,这里把制度成本转换为一种价格并反映到最终市场供给价格上,那么电力商品的最终供给价格理应包括两部分,一是生产的价格,即为$\alpha_0+\alpha_1 Q_A^S$;一是制度性障碍的价格,令其为$p_I^i(\delta)$,有$\partial p_I^i(\delta)/\partial\delta>0$(制度性差异越大,价格扭曲越严重)。仍然以A、B两国为例,α_0,α_1,β_0,β_1为需求函数和供给函数的系数,根据经济学意义显然都大于等于0,由此可得:

$$P_B^S=\alpha_0+\alpha_1 Q_A^S+p_I^i(\delta) \quad (1)$$

其中,P_B^S表示到达B国的电力销售或供给的价格,Q_A^S表示A国电力的供应量;假定B国的反需求函数为:

$$P_B^d=\beta_0-\beta_1 Q_A^d \quad (2)$$

其中,P_B^d表示电力需求价格;Q_A^d表示对A国的电力需求量。假定市场达到均衡,则有$Q_A^d=Q_A^S$,$P_B^S=P_B^d$,把(2)式带入式(1)不难求得均衡需求量Q_B^e或最大供应量Q_A^e与制度成本$p_I^i(\delta)$的关系表达式,为:

$$Q_A^e=Q_B^e=\frac{\beta_0-\alpha_0}{\alpha_1+\beta_1}-\frac{p_I^i(\delta)}{\alpha_1+\beta_1} \quad (3)$$

则因制度成本的存在,而消费者最终承担的均衡价格为:

$$P_B^e=\frac{\alpha_1\beta_0+\alpha_0\beta_1}{\alpha_1+\beta_1}+\frac{\beta_1 p_I^i(\delta)}{\alpha_1+\beta_1} \quad (4)$$

由式(3)和式(4)不难看出,由于制度成本的存在,市场均衡时的需求量减少了$\frac{p_I^i(\delta)}{\alpha_1+\beta_1}$,造成的结果却是消费者负担的价格提升了$\frac{\beta_1 p_I^i(\delta)}{\alpha_1+\beta_1}$。为了显示出制度成本差异对贸易量和消费价格带来的影响,这里以图解的方式给予说明(如图6-2所示)。从整体社会福利净收益情况来看,显然制度性价格的存在使社会福利产生了净损耗(阴影三角形部分)。

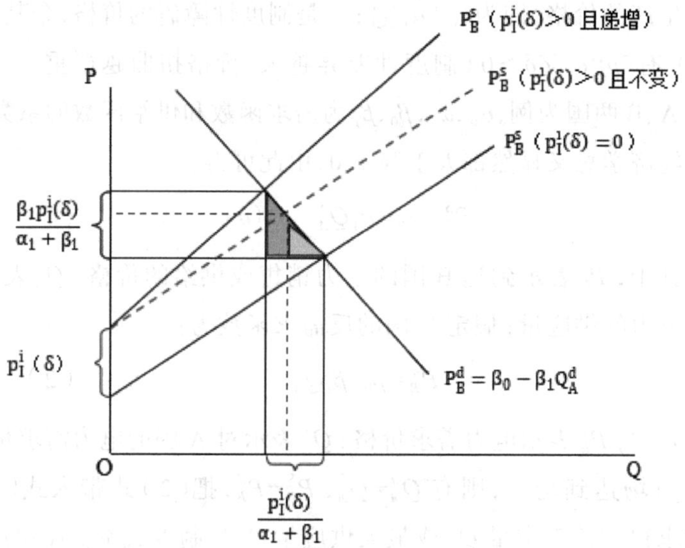

图6-2 制度成本对贸易福利的影响

注:三种情景下制度成本的假定:一是制度成本为0的情况;二是制度成本为大于0的常数,即供给虚线P_B^S表示不变的制度成本;三是制度成本递增的情况,即供给P_B^S曲线较为陡峭,表示制度成本逐步增加,反映了对供求均衡影响的动态性。自然,从政策含义上应该是逐步减小制度间差异,或者通过恰当的制度调整或改进而"控制"制度差异水平使其保持在某一稳态水平。

两国制度差异的存在，使得跨境贸易商品的供应量被“融化”了一部分，这意味着要达到最优的市场供求均衡，需要输送的贸易量至少要增加$\frac{p_I^i(\delta)}{\alpha_1+\beta_1}$，才使得消费者负担的价格等于$\frac{\alpha_1\beta_0+\alpha_0\beta_1}{\alpha_1+\beta_1}$。为了进一步还原电力贸易的复杂性和电力的技术经济特性，可以认为为了促进跨境电力贸易的顺利实现尤其是基于调剂余缺功能需求的满足，制度的差异性显然会更大，而由于制度成本会随着制度差异性的增加而增加，那么反映在制度价格上也是递增的，即$\frac{\partial p_I^i(\delta)}{\partial\delta}>0$。基于此，如果$p_I^i(\delta)$保持增加，那么带来的负面效应会更大。

为了反映函数关系的动态性，分别对式（3）和式（4）对$p_I^i(\delta)$进行求导，则有一阶导数：

$$\frac{\partial Q_A^e}{\partial p_I^i(\delta)}=-\frac{1}{\alpha_1+\beta_1}<0 \tag{5}$$

$$\frac{\partial P_B^e}{\partial p_I^i(\delta)}=\frac{\beta_1}{\alpha_1+\beta_1}>0 \tag{6}$$

可以看出，对于双边贸易而言，制度差异性越大造成的商品贸易量越会趋于减少，对于进口国而言其消费者负担的对应的商品价格越会不断提升。区域合作的多边性和贸易间的竞争性使得比较更大范围间的制度差异更具现实意义，这也是电力贸易尤其是推进区域电力市场建设的内在要求。因为差异性越小或同质性越强，为探求合作而产生的制度协调成本越小，国家间的合作越容易，或者从制度差异性大小的相对概念而言，对于一国存在序列性的制度差异的国别排列，其合作的选择可以是从简单到复杂，但以不同国家为“轮毂”，其合作对象序列却是不同的，构成的“辐条”自然是更为复杂。因此，可以说制度性差异的存在或制度成本的不同，使得推进合作的策略选择与演进路径存在显著差异，这也是区域电力合作的困难所在。换言之，贸易障碍的消除或调整，有利于推进能源合作与区域一体化战略。以欧盟能源一体化发展为例，欧盟实施了共同能源政策，建立了统一的能源机构，整合了内部能源市场，其共同能源外交政策也初具雏形。在能源一体化进程中，主要贸易或非贸易类壁垒被消除，一定程度上也推动并加深了欧盟内部各成员之间的双边合作（许勤华，2014）。

（二）制度性差异对进口国福利的影响

现实中，就一个开放的国家而言，其双边的贸易对象可以是多样的。当前存在的双边贸易协定就是最为典型的例子，也就是所谓的“轮毂与辐条”的关系。概而言之，双边间的制度要么呈现出相似性（δ_1），要么表现为不对称性（δ_2），制度差异的程度直接决定了$\delta_1 < \delta_2$，根据前述假定——制度差异增加带来了制度价格增加，则有$p_I^i(\delta_1) < p_I^i(\delta_2)$，由于$\delta_1 < \delta_2$，这里可以将其视为$p_I^i(\delta) > 0$且递增的情景，显然上述分析范式也适用于多个双边制度差异情况的分析。

为了对比分析，这里仍利用图6-3来进行说明，不妨假定δ_1处于虚线P_B^S上，δ_2位于最左上的实线P_B^S上，面对相同的需求曲线P_B^d，根据式(3)和式(4)，不难得出因制度间的差异，相比于相似性的制度，差异性更大的制度造成市场均衡时供给量的下降，减少的量为$\frac{p_I^i(\delta_1)}{\alpha_1+\beta_1}-\frac{p_I^i(\delta_2)}{\alpha_1+\beta_1}$，而造成消费者负担的价格却提升了$\frac{\beta_1 p_I^i(\delta_2)}{\alpha_1+\beta_1}-\frac{\beta_1 p_I^i(\delta_1)}{\alpha_1+\beta_1}$。从整个社会福利净损失的情况来看，相比于制度相似性情况下带来的福利净损失，显然制度差异的不对称性造成的福利净损失更大，两者间的差额为大阴影三角形面积与小阴影三角形面积相抵后剩余的部分。

扩展一点来看，制度性影响已经包括了电力行业的特殊性因素，如销售电价的管制政策等。因为从微观层面来看，一个国家的电价政策可以分为管制价格与非管制价格（市场价格），在非管制价格的情况下，制度性差异影响的微观主体主要是终端消费者，分析如前所述；而在管制价格（广义的，包括上网电价、销售电价、输电电价与配电电价。从电力贸易的实践来看，价格管制对进口电力的影响主要表现为落地电价是否执行本地上网电价或标杆电价的规定）情况下，问题自然就相对复杂。从对社会福利的影响来看，这种制度安排显然造成矛盾，在开放的环境下，电价的管制一方面会阻碍或减少进口电力的竞争性和经济性；另一方面，电价的管制却一定程度上避免了消费者因价格上涨或波动而造成福利受损的不利局面。

（三）制度性差异对出口国福利的影响

制度成本的存在，给电力进口国带来了福利的净损失，而对电力出口国而言，又会产生怎么的影响？这里仍利用图 6-2 进行分析。基于合作类型的差异，出口国的情况显然要复杂一点。从本质上来看，制度性差异这一贸易“楔子”的存在，使得出口规模（贸易流量）出现下降，出口的下降对出口国会带来不同影响，可以设定为两种情况：一是供给过剩，且“电力供应量 = 国内需求 + 出口”；二是国内供不应求，且“电力供应量 - 出口 = 国内需求”。虽然从数学关系上来看，两个等式是恒等的，但基于市场供求关系显然又存在较大的差异性。基于制度的差异，这里分别进行分析。

情况1：

“电力供应量＝国内需求＋出口”，在国内需求满足的情况下，出口的减少至少会直接造成电力供应的过剩，这一方面会造成电网无流量通过而发生闲置，基于资产专用性严重时会造成沉没成本；另一方面因无法实现电力出口，使得机组关停或弃风、弃水现象频现，严重影响电力企业的可持续经营状况；对于国家整体而言，也会因出口减少而带来创汇减少、失业增加等问题。

情况2：

“电力供应量－出口＝国内需求”，在电力合作或贸易的现实实践中，这一情况是比较普遍的。由于电力进口国多体现为“愿意合作的”外向型的特点，其会选择在出口国进行电源投资；而为了实现电力出口，旨在发挥比较优势的电力出口国也会进行专用于电力出口的电源建设，显然这种情况也是适合于情况1的。由于制度的变更或交易规则的改变，制度性差异显现，就会出现出口规模受到抑制的情况。对于进口国而言，其对外的电源投资容易给东道主国家以“资源掠夺”的口实，对双边政治互信的基础和经济互惠的预期产生不利影响，严重时会引发东道主国家单方面的不合作。而对于电力出口国而言，因无法主导市场需求或因信息不对称而面临情况1下的困难，同时，基于国内需求不足，其转向内需会带来社会福利的改善（情景如进口国），但这在短期内又存在实现上的困难，容易受资金、技术、建设周期等问题的影响。

由于一些产品的生产涉及关系专用性投资，制度越完善，合约实施环境越好，投资不足的问题就越小（李新等，2013）。因此，从政策含义上看，无论是情景1还是情景2，无论是对进口国还是对出口国，为了尽可能降低出口或进口风险，在双边或区域的电力合作中，形成稳定的具有有效争端解决机制的政府间协定或类似于“照付不议”合同成为选择，在减少交易费用的情况下，会推动进口国形成“点－网”纵向一体化式的投资或运营模式，合作的形式可以是BOT等；或者出口国（进口国）会积极寻求出口（进口）渠道的多元化等制度性安排，通过“网－网”式的合作，减少风险。

二、贸易背景下制度性差异的动态性

正如多数研究所证实的，制度差异的存在或大小的确会对双边的贸易流向与贸易规模产生一定的抑制效应，并对进口国与出口国的福利产生影响。一是出口国的商品供给无法达到最优，二是进口国的社会福利受损。然而，从理性合作主体基于内外环境因素影响而进行策略选择的不确定性和主观性情况来看，制度的差异既可以是历史形成的，也可以是国家主体自主选择的结果。正如国家主体对开放程度的选择一样，其可以通过制度的重构来实现保护贸易或自由贸易，从这个层面来看，制度的可调整性也有可能成为双边或多边贸易或合作的“楔子”——这种旨在实现利益最大化或成本最小化的策略性行为是完全可能的。制度价格过高，进口国福利损失就越大，显然进口商品的经济性自然就差，基于理性选择的自主供应成为必然。由于电力的政治经济属性，外向型国家的跨境电力贸易很大程度上旨在减少外部供应的负溢出效应，从而通过合作以内部化外部供应的方式来保证能源供应安全。一旦出口国基于贸易收益的短期最大化或其他因素而造成制度价格严重偏离初始的承诺时，进口国就不得不重新考虑合作的模式了。对于进口国而言，为了维持对政治关联性较强的电力企业的支持，相关部门通过各种制度规范限制电力的进口，进而造成进口电力的经济和竞争优势不再显现，从而维护本国企业利益，这就是典型的贸易保护主义的体现。与此同时，制度性差异的存在也蕴含了较为清晰的政策含义——基于制度差异会带来负面效应的递增性，显然消除制度差异或实现制度的趋同性对于促进合作和双边贸易极具现实意义。

第四节　制度性差异“边境效应”的实证研究

一、制度性差异的实证分析——以电力进口国巴西为例

（一）南方共同市场电力合作、电力贸易与电力市场模式的差异

1. 南方共同市场电力合作情况

在20世纪90年代，西半球的电力部门在实现国家间和区域电网互联上取得重要突破。1988—1996年，电力贸易增长了99.3%。与此同时，居民电力消费在1988—1999年增长了50%，电力普及化率或电气化水平也从1988年的75.1%提升到1998年的87.9%。由此可见，电力合作或电力贸易的社会经

济效应是极为显著的。从各地区的具体情况来看，在 2003 年，南美洲国家间电网互联项目达到 15 个，这被视为南美洲区域基础设施一体化倡议（Initiative for the Integration of Regional Infrastructure in South America，IIRSA）的极为关键的一步。成立于 1991 年旨在实现阿根廷、巴西、巴拉圭和乌拉圭经济一体化的南方共同市场（MERCOSUR），自成立起就主张在成员国之间实行共同的能源政策（common energy policies），并把其作为推进经济发展和区域一体化进程的重要步骤。为了实现电力部门的一体化和合作，由南方共同市场提议的市场框架不仅包括相关的财务性规定，也包括能源效率、环境保护和法律协调等内容。具体而言，南方共同市场第 1/93 号决定要求在共同市场中形成能源政策的基本准则或指南，第 57/93 号决议为能源合作包括电力合作奠定了基础。在提出为了促进能源贸易而实现监管规则和技术规范更为有效协调的倡议之后，1998 年成员国决定致力于电力一体化进程，并形成了《南方共同市场关于电力交换与一体化合作谅解备忘录》（*Memorandumde Entendimiento Relativo a los Intercambios Eléctricos e Integración Eléctrica en el, MERCOSUR*），计划到2025 年实现电网的完全一体化（Weintraub，2007）。然而，制度的差异性（包括监管规则、技术标准、电价形成机制等）和国家对电力系统的绝对影响仍然是南方共同市场电力一体化进程的最大约束条件（Pineau 等，2004）。总体而言，南美洲国家的电力系统仍是根据国家的战略而规划发展的，对私人部门的参与、双边水电站项目（如表 6-1 所示）的执行，以及委内瑞拉、哥伦比亚与巴西之间的跨境电网互联通常是考虑再三的

（Burgos，2007）。

表 6-1　南方共同市场国家双边水电合作项目情况

项目	双边国家	装机容量（MW）	发电量（年份）
亚西雷塔水电站（Yacyretá）	阿根廷—巴拉圭	3200	12275GWh（2002）
伊泰普水电站（Itaipú）	巴西—巴拉圭	14000	92689963MWh（2006）
萨尔托格兰德（Salto Grande）	阿根廷—乌拉圭	1890	4326339 MWh（2006）

资料来源：Burgos（2007）。

2. 南方共同体市场国家电力市场模式的差异

如前所示，制度的差异既是一种客观存在，如习俗语言差异，也是一种基于现实环境下的主观产物，是一个国家主体基于理性而选择的旨在保护本国利益（政治经济安全）的规则壁垒与制度障碍。从电力行业制度差异来看，既有电力行业发展过程历史性遗留下的陈规旧俗，也有改革新形势下的制度选择的差异，如电力市场的交易规则、电力市场结构、输配电网的准入与管制，以及相关定价机制和行业管制规范等。这从一个侧面上反映出国家间电力制度差异的来源是多样的，也意味着促进电力合作、进行制度协调的必要性和艰巨性。为了显示这一制度的复杂性和相互间的差异性，对拉美 25 个国家的电力市场改革类型进行划分，如表 6-2 所示。不难发现，目前拉美国家中电力行业仍然受到政府严厉管制的国家多达 10 个，与此同时，在电力市场化改革取向上，不同国家也存在显著差异，其中改革更为彻底的即“发、输、配、售”完全放开的国家只有3个。史丹等（2014）指出，电力市场的层次结构决定着电力市场的运作模式，而不同的电力模式增加了区域电力市场建设的难度，致使电力合作的制度安排存在显著的差异。拉美电力市场的差异客观地形成了国家间电力部门制度的差异性。以南方共同市场国家为例来看，乌拉圭和巴拉圭电力行业仍然受到政府的高度管制；巴西虽然经过了几轮电力市场化改革，但电力由国有企业主导的局面并没有改变；阿根廷实行了最为彻底的市场化进程，以推进纵向横向的竞争。由此，四国电力改革的差异性也直接或间接造成了彼此间电力部门规范制度的差异性（如定价机制、竞争规则、交易模式、市场结构、准入条件等），区域电力市场建设也因制度的差异而加大了协调的难度。

表6–2　拉美25个国家电力市场改革与装机规模情况

装机容量（2011年，万兆瓦）	中央控制		管制的一体化系统		单一购买		市场开放	
	国家所有	一定的商业自由	单一的一体化结构	存在不同的业务单元	配电一体化	配电分离	允许纵向一体化	要求纵向拆分
1—100		海地	巴巴多斯；格林纳达		苏里南；圭亚那；牙买加		多米尼加共和国	
100—500		乌拉圭		哥斯达黎加	洪都拉斯；特立尼达和多巴哥；		尼加拉瓜；巴拿马；萨尔瓦多	玻利维亚；危地马拉；
500—1000	古巴	巴拉圭		厄瓜多尔			秘鲁；	

续表

1000 以上				巴西;委内瑞拉	墨西哥		智利;哥伦比亚	阿根廷

资料来源:作者根据布尔戈斯(Burgos,2007)和美国 EIA(www.eia.gov)相关资料整理所得。

布尔戈斯(Burgos,2007)认为,基础经济理论较好地阐释了两国或更多国家间的资源整合(mix of resources)对相互合作产生积极推动的作用,当然这也包括电力行业。从这个意义上来说,制定或实施基于公平考虑的、能够使大家共同受惠的经济政策可以促进国家间电力贸易。在跨国合作和一体化行动的背景下,有效和协调的政策举措对于产生上述效益的(区域或国家)电力市场而言是必要的。鉴于电力自身的技术经济特点和电力贸易的复杂性,这些制度建设将涉及诸多方面,如共同目标和优先权的认定,防止歧视和促进公平透明的统一政策和程序的形成,建立区域间监管机构自然是水到渠成的事情。正如理论分析所表明的,一方面跨境电力贸易的实现能够保证电力供应商的多元化,使消费者可以基于偏好自由选择售电方,进而促进电力资源在更大范围的配置,带来社会净福利的增加;另一方面,制度差异性的存在的确会造成跨境电力贸易规模的减少,进而对市场供求结构产生负面影响,致使社会福利发生净损失。同时,基于不同合作主体赋予电力商品不同属性,也使得基于合作环境(成本和收益发生相对变化)的改变而人为设置制度障碍成为重要的策略选择,进而影响合作意愿或进程。卡洛斯·鲁芬(Karlos Rufin,

2010）同样指出，国内基础设施部门的组织差异导致各国在提供基础设施相关的区域性公共产品上达成一致非常困难，一个显著的事例就是中美洲互联电网系统（SIEPAC），建立该系统的目的就是要消除制度间差异，创建一个电力传输框架和相关交易机制，而现实的情况却是尽管美洲开发银行和西班牙政府提供资金用于输电线路和相关构件的建设，但该系统一直发展缓慢，特别是在建立在网络范围内交换电力的共同规则方面发展更加缓慢。

（二）制度性差异与电力贸易关系的经验检验——以电力进口国巴西为例

为了进一步论证上述分析，本节以南方共同市场的电力合作为例，来分析国家间制度差异（如前所示，制度差异是从贸易或市场中商品自由流动作为基准情景来判断的，如果双方流动不畅，就认为存在差异）和国家电力行业制度规范的调整对跨境电力贸易带来的影响。以电力进口国巴西为例，分析制度差异对电力贸易造成的影响，并通过对巴西电力体制机制改革以及对巴西区域电力合作的阶段性行动来验证。

1. 巴西电力体制改革与电力贸易情况

由表 5-2 可以明确得知包括巴西在内的四个南方共同体国家的电力市场模式存在显著差异，这与各国电力市场化改革的趋向密切相关。2004 年，巴西启动新一轮电力体制深化改革，新模式的目标就是要确保电力供应安全、降低电价、促进电力的社会融入，以期实现普遍电力供应。根据巴西第 10847 号法律、第 10848 号法律和第 5163 号法令，电力行业新模式建立了明确、稳定和透明的发展规则，确保电力供应安全，促进发电、输电和配电业务发展，而且确立了电价调整机制，确保电力行业的投资回报率，其中，2004 年通过的第 5081 号法令着重强调要通过建立电力竞标拍卖机制来促进配电环节竞争机制的引入。与此同时，新一轮“电改”分别设立了职能不同的电力机构与组织，如电力行业监督委员会（CMSE）负责监管电力供应的稳定性和供应安全，这也促进了电力行业制度的规范与组织治理体系的完善。国家联网电力交易中心（CCEE）取代了原有“电力批发交易机构”（MAE）的职能，负责管理国家电力联网系统的电力交易、商业性电力市场建设和电力拍卖竞标系统。从跨境电力合作上来看，显然这些既“维系市场竞争和促进商品贸易”又符合区域电力市场一体化建设的改革举措有利于消除因电力市场结构性差异造成的制度性障碍，也有利于为深入合作或实现区域电力合作的公共产品建设提供制度与组织条件。

从电力体制改革前后的贸易情况来看（如图 6-3 所示），2004 年之后巴西电力出口情况明显增加，而且出口规模相当于 2004 年之前年份总和的 9.6 倍，充分显示出旨在促进国内电力市场化改革的制度与组织设计在很大程度上促进了跨境电力贸易的发展。然而，相比于过往的进出口关系，改革后的巴西电力进出口出现了具有明显的此消彼长的特点——基于 2004—2013 年电力进出口数据计算得出进出口数据的相关系数为-0.32474，显然存在负相关，意味着整体态势上电力出口在增加，而电力进口在减少。

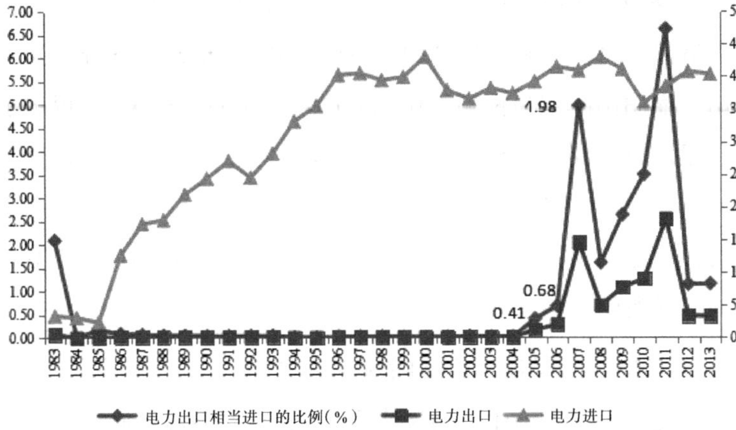

图 6-3　1983 年以来巴西跨境电力贸易变动情况

注：为了清晰地显示贸易变动情况，根据数值大小分为两个刻度来表示，其中左侧刻度坐标轴为电力出口相当于进口比例(%)和电力出口(单位：十亿千瓦时)；右侧刻度坐标轴为电力进口(单位：十亿千瓦时)。

资料来源：根据 EIA 相关数据整理所得。

2. 贸易悖论、进口依赖度下降与制度性障碍

从制度障碍消除促进双边贸易的视角来看上述贸易情况，显然是存在矛盾的，但从贸易保护的视角来看，恰恰证实了制度的动态适时调整或完善具有单向的改进性，意味着有利于出口而不利于进口；如果从贸易条件改善的情况来看，出口增加而进口减少也是合乎经济逻辑的。基于此，巴西进出口关系的变化可能是两个因素的结果，一是实施了有利于促进出口的政策或制度规范，二是相比于以往电力的生产条件发生了明显改善，使得国内的自给能力明显增强。两者归结到一点，问题的实质就是随着巴

西合作条件或环境的变化，其对合作或电力供应的主动性更强了。洛佩－科多瓦和迈斯纳（Lopez-Cordova & Meissner, 2005）采用李嘉图国际贸易模型来研究制度与国际贸易的关系，得出了与一般逻辑不同的结论，其认为一国安全性的提高会使得这个国家倾向于自给自足的生产模式而不是对外贸易，而一国不安全因素的提高会导致该国倾向于对外贸易。巴西是否遵循这“不一般的贸易逻辑”，结果到底如何，下文对此进行验证。

（1）能源安全与电力进口依赖度的下降

首先从巴西电力生产情况来看，基于国家能源供应安全的考虑，自中东石油危机以来，巴西一直具有强烈的能源危机感，为此积极开发国内丰富的水利资源，大力推广乙醇和混合柴油。这些旨在实现能源独立之路的举措取得了极大的成就，巴西近年来不仅基本实现了能源自给，也使得其能源对外依赖性大幅下降，从 1980 年的 42.6% 下降到 1995 年的 30.2%，到 2011 年又下降到 8.3%（如表 6-3 所示）。与此同时，电力对外依存度也明显改善，相比于 2003 年高达近 10% 的电力进口依存度，2011 年已经下降到 6.3%，充分显示了其电力自身供给能力的显著增强。根据组织决策分析的推论方式，任何形式制度与组织变革的深层动力都来源于利益相关者之间的权力游戏（米歇尔・克罗齐耶等，2007），在看似结构化的正式组织与制度变迁中，都隐含了行动者基于特定情景认知的策略性行动（梁波等，2013）。基于不同合作模式下行为主体的特点，巴西电力自主性的增强，使其在区域电力合作或电力贸易中的基于供应外部性的风险大幅下降，在合作中的主动性或策略性更强，加之联邦或州政府的国有企业在电力产业中仍占据主导地位，尤其是输电还是由国有企业掌控（巴西国家电力公司拥有的电网约占全国电网的56%），也就更容易在政治关联作用的影响下作出和创造对本国（企业）有利的政策调整或制度环境，使得电力贸易保护的举措有了用武之地。

表6-3 2003—2011年巴西能源行业对外依存度情况

年份	2003	2004	2005	2006	2007	2008	2009	2010	2011
能源对外依存度	10.9	12.9	10.2	8.0	8.0	8.3	3.8	7.5	8.3
石油对外依存度	4.3	7.8	-0.1	-1.8	-1.9	-0.6	-8.0	-2.9	0.7
煤炭对外依存度	77.6	73.5	71.6	69.4	73.5	76.8	73.3	75.6	80.3
电力对外依存度	9.3	8.8	8.8	8.9	8.0	8.4	7.9	6.3	6.3

资料来源：巴西能源矿产部数据，http://www.mme.gov.br/spe/menu/publicacoes.html。

（2）不利于进口的制度性安排：过网收费规定

能源自给能力的增强，使巴西在南方共同市场电力合作中的主动性明显提升，基于国家的竞争性和理性人特点，其自然会对电力进出口政策进行调整，以形成有利于自己的政策性安排。从表6-4可以看出，巴西关于跨境电网使用费的相关规定明显有助于扩大出口限制进口，而且不同公司的差异较为明显，其中INT URUGUAY电力出口过网费仅为进口过网费的1/5左右，两者差额达到近4雷亚尔/KW·月，这也从侧面反映了巴西电力进口和出口政策的不对等性，制度规定的差异使贸易流向发生了明显偏差，表 6-3 给予了较好的证明。与此同时，电力依存度的下降并没有缓解巴西电力供求的整体格局，尤其是其以水电为主的装机使得汛期和枯期的电力供应存在显著的差异，基于电力供求实时平衡的技术性特点和调剂余缺的经济性要求，在巴西整体电力供应安全风险无法完全消除的情况下选择提升进口过网费，显然一方面不利于国内消费者，带来福利净损失，另一方面也使得外向型的合作充满变数，合作的牢固基础缺乏坚实支撑。事实也证明了这一点，尽管巴西和巴拉圭在伊泰普水电站合作上进展顺利，但分歧一直存在，其中就包括电力出口规模、过网费和电价等诸多方面；此外，在与阿根廷和玻利维亚探讨水电合作过程中，尽管巴西比较积极，但包括政治因素在内的制度性因素或障碍却始终困扰着合作进程。

表 6-4　巴西 2005—2006 年进出口电力共用输电网使用价的规定

单位：雷亚尔 /KW・月

公司名称	出口电力使用价	进口电力使用价	进出口使用差价
INT GARABI 1	2.230	3.890	1.660
INT GARABI 2	2.220	3.899	1.679
INT STEP OF LOS LIBRES	1.537	4.582	3.045
INT URUGUAY (RIVERA)	1.107	5.013	3.906

资料来源：根据李荣华等（2014）整理所得。

二、制度性差异的实证分析——以电力出口国俄罗斯为例

巴西的事例表明进口国可以通过制度性安排影响电力贸易的流量与流向，并对贸易双边和区域合作产生不利的影响。为了更全面地分析制度性障碍对电力贸易的影响，本节以中俄电力贸易为例来分析电力出口国制度性障碍对双边电力贸易造成的影响。

（一）俄罗斯电力体制改革与电价上涨

1. 电力体制改革历程、具体内容与成效

俄罗斯的电力体制改革虽最早起步于1992年的“休克式疗法”，但后续的两次尝试性改革并没有实施，直到2001年7月11日，俄罗斯政府发布526号文件《俄罗斯联邦电力工业重组》，才得到实质性的推进，被外界誉为“第四次电力改革”。526号文件明确了改革的各项目标：打破俄罗斯统一电力公司的垄断地位，将其下属电厂重组为发电公司出售；开放电力市场，吸引国内外私人投资；发展竞争机制，实施自由定价，国家只保留对电网和调度的控制。随后，2003年俄罗斯通过了《电力法》，明确了电力改革的期限和电力市场开放的过渡期，以及分阶段推进电量自由交易等。2008年7月1日，俄罗斯统一电力公司停止运营，标志着以彻底拆分为特征的改革告一段落。

此次电力体制改革取得了积极的成效：

一是打破了传统上的垂直一体化结构，在对发、输、配、售环节完全拆分的基础上，成立了统一电力系统调度公司和电力交易

系统管理公司,实现了交易机构与调度机构的独立。由图 6-4 可以看出,改革后的电力工业可以分为基础性部分和竞争性部分。其中,基础性部分主要包括作为交易管理机构的交易系统管理股份公司、联邦电网公司及下属骨干电网公司(2012 年合并为俄罗斯国家电网公司)、跨区域配电网公司等;竞争性部分主要为发电企业、电力批发公司、售电公司和检修公司等。与中国电力贸易的俄方执行主体——东方电力系统股份公司既保留了垂直一体化的运行模式,也拥有独立发电的业务。

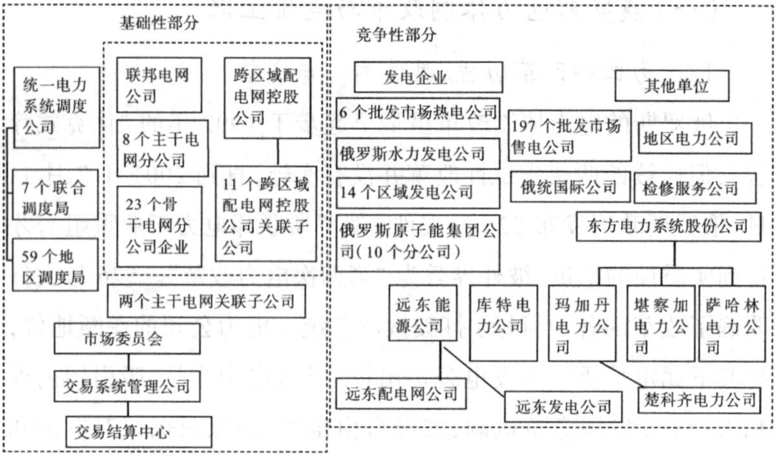

图 6-4　俄罗斯电力改革后的电力行业结构

二是在电力市场建设上,以建立全国统一的电力市场为目标,逐步扩大市场交易范围。通过建立批发市场、零售市场、容量市场以及期货市场推进电力价格由国家监管逐步向市场竞争形成价格过渡。俄罗斯以建立全国统一的电力市场为目标,一开始就打破行政区划界限,在基础设施较为完善的欧洲部分建立电力批发市场,并逐步扩大电力市场范围,由于俄罗斯欧洲5个联邦区与西伯利亚区、远东区之间的经济状况、电力消费、气候条件等人为不同,各区间的输电能力较弱、输电成本较高,故采用了分阶段、逐步建设的步骤。根据"过渡电力(容量)市场规则",2003年10月俄罗斯批发电力市场在欧洲区和乌拉尔区开始运行,2005年5月1日,"5%—15%"自由交易量的过渡批发电力市场模式在西伯利亚统一电力系统启动,至此,俄罗斯批发电力市场形成2个价格区,分别为管制价格区域和自由价格区域,与中国开展跨境电力贸易的阿穆尔州就属于管制价格区域。从批发市场参与主体来看,俄罗斯电力批发市场可分为售电侧和购电侧,售电侧主要是发电公司和电力进口商,购电侧包括用户、售电公司以及电力出口商。与此同时,在市场类型中已经开展了包括双边金融合同、日前市场以及平衡市场。从交易安排来看,俄罗斯电力买卖主要是以双边合约为主,其中容量电价通过自由双边合同或集合拍卖的形式确定,电量电价实行现货市场价格。在电力市场交易中,发电企业与供电企业之间的双边合同可以一年一定,交易的"电价"的制定可以根据燃料成本和通货膨胀情况进行调整。

2. 电价在电改后快速上涨

电改在带来成效的同时,也出现了与预期目标不一致的问题,电价持续上涨就是其中之一。一方面,俄政府不断制定新规则对改革进行修正,另一方面,不得不控制电价滞缓了电力全面自由竞争进程。从俄罗斯居民电价和工业电价变动情况来看(图6-5),以2003年为基年,到2007年电价分别上涨了1.7倍和2

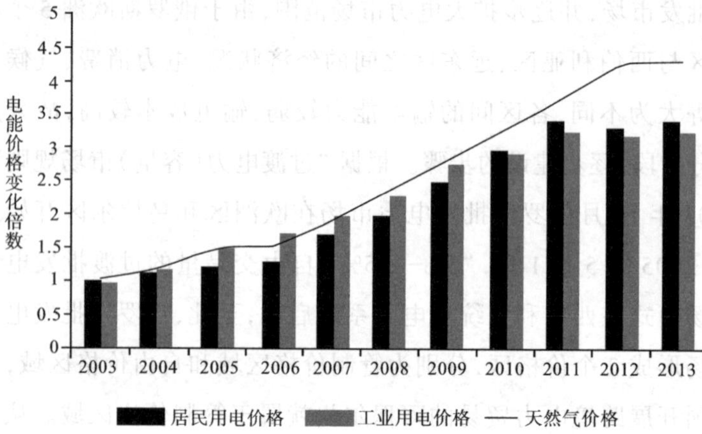

图 6-5　2003—2013 年俄罗斯电能价格变化与燃料价格变化

资料来源：Фонд «Центр стратегических разработок «Северо-Запад» по данным Росстата, драфт-версия доклада Итоги реформы электроэнергетики в Российской Федерации, Санкт-петербург-Москва・2014.

倍，到 2008 年则分别上涨了 2 倍和 2.3 倍，到 2010 年基本上涨了 3 倍。从 2003 年到 2010 年价格上涨了 3 倍，年均涨幅达到 15% 左右；从 2008 年到 2010 年价格上涨 1 倍，年均涨幅达到超过 20%，远高于同期 CPI 上涨幅度。相比较而言，管制部分电价上涨幅度明显低于非管制部分电价，如 2010 年管制部分电价上涨 12.4%，非管制部分价格上涨 25.5%。根据俄罗斯电改计划，到 2011 年全面实现电力自由竞争，受管制进一步放开、燃料价格上涨等因素的影响，电价进一步大幅提升，相比 2003 年，居民电价上涨了近 3.5 倍。从成本来看，电价的快速上涨与天然气等燃料价格的大幅上涨密切相关，2003 年以来俄罗斯天然气价格几乎保持了斜率越来越陡的线性上涨态势。

（二）中俄电力贸易中存在的制度性障碍

1. 中方购电价格形成机制与价格不确定性

中俄两国的电力贸易始于20世纪80年代中后期，当时苏联经济不景气，丰富的电力无法消纳，使得以较低的电价开展与中国的电力贸易成为可能。在2000年之前，双边执行的是易货贸易的方式，购电价格并没有成为影响双边电力贸易的障碍性因素。然而，随着易货贸易的取消（2005年黑龙江省首次以一般贸易形式进口俄罗斯电力，拉开中俄大规模电力合作的序幕），俄罗斯开始就购电价格实行与中方一年一议的方式，电价的调整是以俄罗斯远东地区上网电价为依照，而不采用执行电厂的上网电价，并参考燃料价格（俄罗斯批发电力市场交易以火电为主，由燃料价格决定的短期边际成本往往是市场定价的基础，具有极大的波动性）和通胀、汇率变动因素等。由于远东地区上网电价普遍较高（而销售电价受到管制），以上网电价作为供应中方电价并以批发市场地区现货价格为调价基础，在俄罗斯电价大幅上涨的情况下这显然是有利于俄罗斯电力出口利益的定价机制。加之，“一年一议”的购电价格在中方没有议价绝对主导权的情况下往往成为俄方随意性的体现，其变动的幅度、变动的缘由完全由俄方主导，很容易造成不对等的契约，使得价格形成间的调节与协商产生了大量交易费用。

2. 结算方式的繁杂提高了交易成本

不同于宏观经济学在开放经济中假设进行国际金融交换没

有任何交易成本的研究假定,基于电力贸易的特殊性,电力贸易结算尤其是汇率的变动对于双边是极为敏感的事件,自然对电力贸易的结算和顺利交割会产生显著的交易成本。根据电力结算的双边安排,俄方要求中方签署月度协议书,内容包括日负荷曲线(如果实际负荷与预测负荷偏差较大会受俄惩罚)、计划用电量、结算电量、上网电量、过境电量以及线损费用、(系统)备用费用等。电量的结算程序比较繁琐,俄方要求中方每月结算电费 2 次:第一次为每月 15 日,按计划用电量的一半付汇,向海关报关、换汇(美元)、结算(俄方由俄东方能源商务公司进行业务对接);同时,提前 3 天修改日负荷曲线(确定下半月日负荷曲线)。第二次为月底(最后一天)抄表,并于下月 1—2 日核对电量,然后进行报关(结算电量)、换汇、结算。这就大大提高了交易成本。

3. 不可抗力因素的滥用

俄罗斯整体输变电设备陈旧,备用服务发展不足,使得俄罗斯供电的稳定性和可靠性并不高,这自然影响到中俄电力贸易。根据《中俄跨境电力贸易的调度规程》,一旦俄方境内发生了不可抗力,影响了电力系统的稳定性,俄罗斯有权切断对中方的电力供应。然而,现实的问题却是“不可抗力”并没有明确所指,加之没有相应的惩罚机制,使得电力供应中断的随意性大大增加,合作的隐患也明显增加;同时,为了保证供电的不间断,中方明显加大了备用容量与辅助服务的投入,大大影响了中俄电力贸易的经济性。

（三）购电价格上涨、出口税率提升致使中俄电力贸易中断

由于受到燃料价格和电力市场化进程（管制电价放开）的影响，俄罗斯电价大幅提升，以工业电价为例，2001 年到 2008 年均呈现出上涨的态势，其中 2008 年涨幅最为明显，同比增长 31.6%，相比 2002 年翻了一番。由于中俄购电价格实行的是"一年一议"并参照区域上网电价的方式，加之电力市场的现货交易属性，使得购电价格表现出与俄罗斯国内电力价格同样的变动趋势。比较表 6-5 和表 6-6，可以看出在 2007 年之前，中方的购电价格显然是低于工业电价，考虑到线损等因素，优惠的幅度并不大。但在 2007 年电力价格提价幅度惊人，比 2006 年增长近 2 倍，高于俄罗斯国内工业电价水平；2008 年双方因价格无法达成一致，电力贸易中断；2009 年俄罗斯降低中方购电价格，达到 0.038 美元 / 千瓦时，但随后在下半年（6—12 月）要求中方按 0.040 美元 / 千瓦时执行购电价格，一度使得双方电力贸易面临终止的风险。

表 6-5　2001—2009 年俄罗斯工业电价变动情况

（单位：美元 / 千瓦时）

年份	2001	2002	2003	2004	2005	2006	2007	2008	2009
工业电价	0.021	0.024	0.029	0.030	0.032	0.036	0.038	0.050	NA
涨幅（%）	—	14.29	20.83	3.45	6.67	12.50	5.56	31.58	—

资料来源：U.S. Energy Information Administration：Electricity Prices for Industry for Selected Countries, http: //www.eia.gov/countries/prices/electricity_industry.cfm.

表 6-6　中俄电力贸易中方购电价格变动情况

(单位:美元/千瓦时)

年份	2000	2001—2004	2006	2007	2008	2009	2010—2011	2012	2013	2014
购电价格	0.018	0.0195	0.022	0.0419	0	0.038	0.042	0.045	0.051	0.05148

资料来源:根据调研资料所得。

“一年一议”且不受中方影响的定价制度使得中方面临着电力贸易的不确定性风险,尤其是在俄罗斯开始建立具有竞争性的批发市场,电力市场的价格在近几年已经逐渐自由化,约80%的电力以自由的市场价格进行交易的背景下,中国面临的交易风险明显增加。电价机制的不合理和难以有效应对的不确定性,加之俄罗斯又单方面提高电力出口税率,致使中俄在购电价格上未能达成一致,不仅导致了俄罗斯哈巴罗夫斯克地区的布雷亚和泽亚两个水电站的大量弃水,而且也中断了双边电力贸易——中方于2007年1月至2009年2月停止了双边电力贸易(如图6-6所示)。直到两年之后的2009年3月1日,在俄方的倡议下110kV布黑线和220kV布爱甲乙线才全面恢复供电。显然,有利于俄方电力贸易的“一年一议”的定价制度,如《关于2013年供电量和电价的协议》,使得合作的稳定性和制度的稳定预期无法实现,也不利于双边长期合作制度性安排的实现,反而成为阻碍合作的一种制度性障碍。

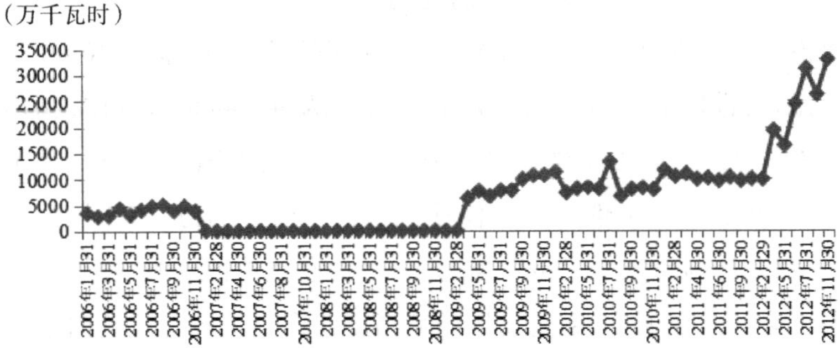

图 6-6　2006 年 1 月至 2012 年年底中国从俄罗斯进口电力情况

资料来源:中国产业数据网站。

(四)制度性调整与中俄电力合作的深化

鉴于电力互联互通对双边的积极意义,中俄双方加强了在电力领域的合作,2010 年 9 月,两国政府签署了《关于在电网发展方面开展合作的谅解备忘录》。为进一步发挥中俄 500 千伏直流背靠背联网工程在中俄能源战略合作中的主导地位,提升俄罗斯远东地区能源利用率,2012 年 4 月,中国国家电网公司同俄罗斯东方能源公司签署长达 25 年的“中俄长期购售电合同”,规定到 2037 年前俄向中国供应 1000 亿度的电量,这一协议显示了双方的合作信心。2012 年 6 月 5 日双方签订《关于扩大电力合作的谅解备忘录》,扩大就俄罗斯向中国的供电规模,加强对俄罗斯电网改造,开拓第三国电力市场,以及开展生物质产品及清洁能源项目研发建设等方面继续开展合作,不断推动中俄两国电力能源开发与合作。2012 年 12 月 5 日,双方签订《中国国家电网与俄罗斯东方能源公司关于 2013 年供电量和电价的协议》。一系列双边合作文件的签署和相关制度的调整与完善,使得电力贸易的规模随之明显增加。2014 年 1—7 月份累计进口俄电 20.06 亿千瓦时,进口金额达到 2.8437 亿美元。为进一步推进合作,2013 年 3 月 22 日国家电网公司与俄罗斯统一电力国际公司签署了《关于开展扩大中俄电力合作项目可行性研究的协议》。根据协议,双方计划研究开发俄罗斯远东、西伯利亚地区资源,建设大型煤电输一体化项目,通过高压或特高压跨国直流输电线路向中国送电。随着中俄两国政治、经济的全面发展以及中国能源政策的调整(尤其是能源财税政策与进出口政策调整),中俄电力合作被纳入两国能源战略合作的框架范围内。

第五节　策略互动下的电力贸易与制度性障碍:个体理性与占优策略

一、能源安全下的国家互动策略与贸易形式安排

根据贸易理论的一般分析范式,对于一个国家而言,其在寻求开放的过程中,基于个体理性,在国家是否开放以及开放的程度上可以有以下选择(如图 6-7 所示)。从电力合作的层面来看,这些策略也反映了合作的阶段性特征事实与“可逆性”特点。由于不同的选择是国家主体基于不同行动场景下的认知结果,具有很大程度的不确定性,这里以行为选择的概率值($0 \leqslant p, g \leqslant 1$)来反映其“偏好”。换句话说,这些行为多多少少有意识地包含了一种计算,包括手段与目标的结合,并接受因概率不同而不同的风险,计算本身既受偏好等级的支配,也受情势的支配(雷

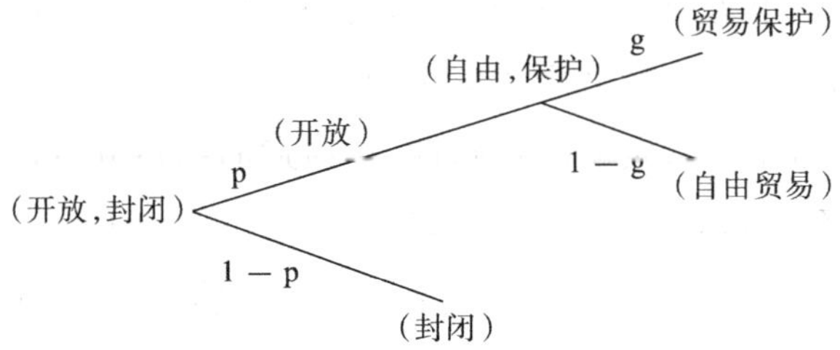

图 6-7　国家合作策略的理性选择与博弈均衡（根据合作成本的可承受度）

蒙·阿隆，2013）。这里仍假定国家行为的选择是净收益比较的结果，显然当开放的净收益远远大于封闭的净收益时，选择“对外开放”（合作）是最优的策略。然而净收益是受内外因素动态影响的结果，“合作”并不必然是某一行为主体在特定条件下的“占优”策略，其有 1 － p 的概率选择“不合作”（封闭），具体行动策略的分析已经在第四章中进行了详细分析，这里不再赘述。以下分析着重于电网互联情况下电力贸易层面的主体策略选择行为。从博弈树来看，意味着主体博弈进入开放路径下的“行动场景”，理性主体在贸易形式安排上既有 g 的概率选择“贸易保护”，又有 1 － g 的概率选择“自由贸易”，具体的选择取决于理性的考量。

在对外开放的过程中，政治的“扩大化”和对政治的过分“忽视”都是不适宜的，这是因为对开放的好处言过其实并非明智之举，主要有两个原因：一是导致不少国家在制定发展战略时对贸易政策采取一边倒的态度，二是一旦吹嘘出来的好处无法兑现，决策者及其追随民众可能会反过来怪罪于开放政策（丹尼·罗德里克,2004)。电力贸易的特殊性体现在其既关系到能源安全,又关系到国家的政治经济主权安全,政治考量始终伴随电力合作全过程。由于电力贸易的特殊性,从前述的损益分析可以得知,国家选择对外电力贸易与否与其经济政治主权的让渡是密切相关的,其对合作的可承受成本具有极强的敏感性(边际成本递增),一旦产生了超出可承受的合作成本,国家就会选择退出,放弃净收益。同理,如果合作的成本在可承受的范围内,并且因合作剩余带来了净收益,国家自然偏向于选择电力贸易。

市场边界的分析清晰表明,互通有无的电力贸易对于彼此福利都是一种帕累托改进。然而,从电力进口依赖度的特点来看,在能源安全乃至国家安全的考量下,理性的国家主体会对电力贸易的规模保持警惕,对其而言保持一定的贸易规模是可以承受的,第三章的研究已证实了这一点。基于逻辑,这就造成了个体理性与集体利益不相容的局面,使得合作或贸易陷入困境。换言之,开展电力合作的国家基于供应安全的考量在电力贸易的规模上存在着可接受的"限定值",在可接受的"警戒线"约束下国家倾向于少买;而同时作为出口国为了尽可能多地获取资源开发的经济收益或尽可能最大化贸易收益而倾向于多卖,那么在交易上双方就表现为"进攻"(多卖)与"防守"(少买)的互动特征,使得在合作的条款或协议安排上出口方尽可能推出有利于自己增加收益的制度和规范,避免受制于买方"什么时候买、买多少、以什么条件买"的约束;而进口方为了保持能源安全(或减少依赖)和主权自主性则尽可能推出旨在维持行动自由,避免受制于卖方"什么时候卖、卖多少、以什么条件卖"的约束。循是推论,利益的不相容造成制度错置进而形成的制度性障碍就成为贸易的壁垒，这自然也是个体理性逻辑的必然——以制度性壁垒来形成对自己最有利的占优策略，保留合作的自我行动能力，同时也造成了合作的机会。可以说，“贸易保护”是贸易主体理性的占优策略选择。

二、制度性障碍与“自私”的占优策略

在对外电力合作的阶段性划分中已清晰表明，合作（贸易）需要不利于贸易的制度安排的调整与重构。然而，在开展跨境电力贸易或区域电力合作中，无论是电力进口国，还是电力出口国，均会不同程度上选择或设立具有贸易“楔子”效应的制度性障碍，使得基于合作在自由贸易下最大化电力贸易或合作收益难以完全有效实现（巴西与俄罗斯的实践证明了制度性障碍的存在的确会对电力贸易流量与流向产生不利影响）。仔细分析这些制度性障碍不难理解，其都是明显有利于自己利益的，无论是巴西的电力进口相对较高的过网费用，还是俄罗斯出口电力的定价机制及相关结算方式，对合作方的利益或集体利益并没有给予对等的照顾与关切。这就意味着电力合作也存在着与其他一般性商品贸易相同的特征——在对外贸易或开放的过程中，每一个国家都有利益动机（或最大化自我利益）来保持贸易壁垒（自然也为对方保留了合作的空间），尽管消除壁垒对彼此都会带来更好的合作结果。基于对自我利益的追求或维护，完全消除制度性障碍的自由电力贸易并不是最优的策略性选择，参与合作的国家主体总会通过各种形式的制度性障碍来保留对自己最为有利的策略性安排或行为选择的主动权。无疑，这种相比自由贸易下的次优

安排，在追求自我国家利益的过程中或许是理性的“最优选择”。然而，这种“你攻我守”“你争我夺”式的制度安排造成了交易费用上升，对贸易福利或贸易收益造成挤出或带来消散效应。事实上，合作中存在的一个根本问题就是不论一个国家如何做，另一个国家保持它的贸易壁垒总是比较有利的（罗伯特·阿克塞尔罗德，2007）。正是这一制度性障碍的难以消除，才使得旨在增进贸易收益的需要合作双方进行制度性趋同或超主权安排的区域电力市场一体化建设至少在一定条件下是无法有效推进的。进而言之，由于国家的主权特点，制度的变迁过程自然会在未来合作不确定的情况下遭受不同程度的抵抗，围绕着某一社会自身或者其他社会的国内制度和实践是否必须重构以符合其他地方的制度和模式，国家间展开了新的政治斗争（郑永年，2009），这意味着共同制度的重构过程是不断斗争与合作的动态博弈结果。国际制度的起源与国际合作的出现，本质上是通过个体之间复杂的谈判和博弈过程来完成的（苏长和，2009）。

第七章　跨境电力合作的制度安排：理论演绎、国际经验与中国选择

基于前述的分析，困扰电力合作的问题可以分为两个方面：一是合作的囚徒困境与机会行为，最大化相对收益而背弃合作剩余，造成集体最优难以实现；二是合作过程中国家间存在制度性差异，同时，参与主体的增多，没有规范统一的制度安排，造成交易费用大幅增加，影响了资源的优化配置和整体福利的改进。制度对行为主体和博弈场景具有积极的影响，因此促进合作、改进资源配置效率、实现利益共容亟待制度建设（博弈规则的变化）。基于此，国家之间制度趋同或共同制度的重构就是根除不利于有序竞争、深化合作和贸易自由的制度性差异，理想的不同政体基于深化合作而进行制度构建（区域性公共产品）的目的就是在（制度的）激励或约束水平与效率不断提高的基础上"维系竞争与合作，又使竞争与合作尽可能最有利地发挥作用"。

第一节　跨境电力合作制度规则的理论构建：制度环境、主体行为与博弈形式

一、理论基础：制度环境与主体行为

国家是动态的自我利益追求或维护的独立力量，国家间的

“博弈”（最大化国家利益）是时刻存在的，某一行为的选择是博弈的结果，也是下一轮博弈的起点。制度规则的重要作用在于影响主体行为的动机或偏好，已有的制度环境或潜在的制度安排都在不同程度上会对主体的行为选择产生影响。由此观之，在个体理性的情况下，其行为选择问题的关键（不同选择的净收益）在于博弈和制度规则，并且这两者始终伴随主体行为选择的全过程，从两者关系来讲，博弈既是制度规则建立的调整过程，也是使制度规则保持稳态的均衡结果；制度规则既决定了博弈的程度，也影响着博弈的方向（囚徒困境还是协作博弈）。

从博弈论来讲，制度是一种与博弈相关的规则（黄凯南，2010）。作为一个特殊的博弈参与者，能够改变其他参与者的策略集合、支付集合、信息集和博弈的次序等，即能够改变原有博弈的外生规则，形成新的博弈规则（Penard，2008）。随着外生参数的变化（例如，相对收益的变化），制度可能从某一均衡状态瞬时移动到另一均衡状态（黄凯南，2010），那么博弈形式随即发生变化。在此影响下，参与者自身的策略集合和收益会发生变化，基于策略互动，其对另一参与者的策略与收益的预期也会因其主观感知的变化而可能发生变化。结合第五章的国家主体间博弈分析，本章仍以 A、B 两国博弈情景为考察对象，假定在 t 时刻，博弈形式为 $G^t=\{N,S,\Pi(\Delta A,\Delta B)\}$，其中 N 为参与者集合，为$\{A,B\}$；$S$ 为策略集合，每个参与者拥有策略 S^i，显然基于合作的视角，每一个参与者 $i\in\{A,B\}$ 拥有 2 个策略，即 S_i^1（合作）和 S_i^2（非合作）；$\Pi(\Delta A,\Delta B)$ 为支付矩阵，其中ΔA，ΔB 分别为参与者 A 国与 B 国在博弈中获得的支付，由于支付分别是收益与成本的函数，成本收益的变动显然影响到参与者的策略选择。当合作的博弈场景因外生参数或环境发生变化而影响主体认知时，博弈形式随即发生改变，这也就是电力合作向上演进困难向下容易“可逆”的缘由所在。制度环境的变化影响参与者的策略与支付及其对博弈者的预期，则有在 $t+1$ 时刻时，博弈形式变化为 $G^{t+1}=\{N, S^{*}, \Pi(\Delta A^{*}, \Delta B^{*})\}$，其中 $\Pi(\Delta A^{*}, \Delta B^{*})$ 表示为“新”制度环境下参与者的“新”支付矩阵，S^{*} 为新组合的策略集。制度主要功能表现为激励（或约束）个体行为与协调（或控制）集体行为两个方面，制度的目标是个体理性与集体理性的一致（王国成，2012）。由于在制度影响下能够实现从一种博弈形式转移到另一种博弈形式，加之“好的”制度具有激励功能，所以成功的制度安排能够实现合作向最优的路径演进。

二、电力合作阶段与制度的理论构建

根据分析得知，电力合作的阶段性特点和不同阶段下的博弈场景可以分为不同的博弈形式。根据上述的博弈形式，如果从参与主体个数的情况来看，电力合作经历了由双边到多边再到区域一体化的变迁。世界银行（2008）指出，因有助于以渐进的方式发展基础设施和商业关系，并允许参与国调整、发展制度和经验，建立信心和互惠，进而减少风险，双边跨境电力贸易不仅是一个自然的起点，也是区域贸易甚至是发展良好的多边区域市场中的一个重要的长期性内容。从合作的进程或阶段来看，个体参与者的博弈场景可以分为合作前、合作发生以及合作的逆反与演进。从博弈策略来看，个体因合作进程的不同而选择的策略也不一，但选择的范围却仅为“合作”与“非合作”。基于此，本节以参与者“个体”选择作为分析的起点，来构建不同合作阶段下的博弈形式与制度环境（如图7-1所示），以此形成与主体合作选择相对应的“好的成功的制度”。

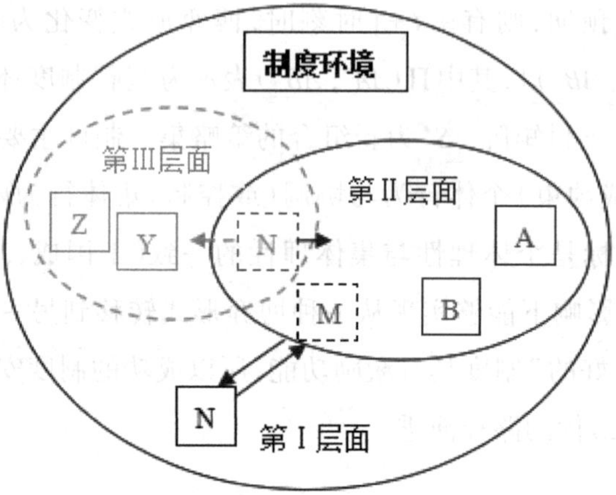

图7-1　不同合作层面下的博弈形式与制度环境

注：方框代表国家主体，A到Z分别为国家编号，三个层面分别代表不同合作状态下的主体选择（理性比较），就代表着待研究问题的三个阶段，合作前、合作到某一共同体、合作的深化还是面对其他共同体的竞争导致深化难以实现造成制度建设无法完成。鉴于第三层面的复杂性，这里国家编号的不一致是为了便于区分共同体的差异性，实质上在现实中国家间在不同共同体的加入上存在着身份的一致性，如大湄公河次区域（GMS）五国也是东盟成员国。

在电力合作或区域电力组织建设过程中，个体的不合作（背叛或脱离）从个体理性来看是净收益比较的结果。这种“退出”策略的选择从动机上来看，可以归为两方面：一是历史视角下合作之后发生了净收益的下降（没有帕累托改进）；二是横向比较视角下还有更好的潜在收益机会。那么，制度的功能就是推动合作向唯一最优均衡解演进——集体行动实现。从前述的归纳来看，基于“主体合作”的维度，第Ⅰ层面和第Ⅲ层面反映的都是第Ⅱ层面的问题：个体之所以“退出”第Ⅱ层面是因为处于该层面的个体净收益并没有达到预期收益水平，使得个体的合作行为发生了逆转——退出集体行动或加入其他集团。第Ⅰ层面向第Ⅱ层面的演变不难理解，一般而言，基于个体理性，在存在合作剩余和资源配置帕累托改进的情况下，个体会选择“合作”而进入第Ⅱ层面。综上来看，制度建设的重点就集中到第Ⅱ层面，其既是深入合作的“起始点”，也是合作的“终结点”。基于此，需要着重对第Ⅱ层面的制度建设与个体行为关系进行分析。

从双边关系到多边再到区域合作，是国家跨境电力合作层次演进的基本步骤，理论上从净收益的视角来看，选择国家对外开放战略显然好于不开放，更深层面的合作显然好于有限合作。伍世安（2012）认为，制度变迁的经济动力从经济学意义上来说就是新制度的净收益要大于旧制度的净收益及变迁成本之和。基于此，这里根据个体从封闭到有限开放再到更深程度的开放逐渐演进的视角，分前述三种合作层面情景对其行为决策进行经济理性的分析。假定不同层面下（纵向层面）的净收益分别为 π_1、π_2 和 π_3（这里不考虑贴现率，为了简化分析把变迁成本作为抵消部分纳入“新制度环境”下的收益中，最终以净收益体现出来），显然有 $\pi_1 < \pi_2 < \pi_3$，但随着（横向层面的）制度改进（完善），某一层面的净收益存在帕累托改进，改进的幅度要么接近要么大于上

一层次的净收益,从而使纵向的净收益大小出现相对变化。以下将根据具体情景进行分析。

(一)促进或加强参与者"合作"的制度环境:制度完善与重构

出口国和进口国制度的差异对不同复杂性产品贸易的影响研究表明,产品越是复杂,其在双边交易中越有更多的因素不能被贸易双方所掌控,就越需要法院或仲裁机构对交易双方进行监督(Berkowitz et al,2006)。制度的不完善(无法提供激励与约束)使得参与的"成员"(或合作方)面临着自身共同体(集体行动)的隐形"排斥力"和其他共同体的隐形"吸引力",最终基于理性在成本收益的比较下,选择下一步的行动策略。在不同层面合作成本相同的情况下,假定制度具有一定的效力,如果被发现其有背叛动机的概率为 p,惩罚额度为 δ,如果不被发现其得到的(额外的)净收益为 $\Delta\pi=\pi_3-\pi_2$,从前述的假定可知,此时 $\Delta\pi>0$。这里以 N 国为例来分析,对于 N 国来说,其理性的行为是基于两种情况下的比较净收益的判断,如果 $p\times\delta<(1-p)\Delta\pi$,其自然会选择向其他共同体靠拢,甚至不惜"背叛"(退出)这一共同体。基于增量的视角,换言之,从制度建设的情况来看(可以是交易费用的下降、合作成本的递减以及合作收益的递增等),如果能够使得在第Ⅱ层面的合作共同体中保证深入的合作能够带来净收益增加(帕累托改进),假定此时层面Ⅱ的合作净收益为 π_2',使得 $\Delta\pi=\pi_3-\pi_2'\leqslant0$,那么 N 国会保留在原共同体并与其他成员在以增进净收益的导向下选择进行制度机制创新,以实现共同体利益的最大化和个体收益的帕累托改进。从制度完

善的视角来看，换言之，基于净收益的存量调整，制度的完善使得监管加强、权责清晰、分配公平的制度环境形成，在此背景下，一方面是惩罚力度的加大，即 δ 增加，另一方面是制度的完善使得以往不公平的分配趋向公平合理进而带来净收益的提升，即 π_2 增加，不难得出 $p \times \delta \geq (1-p)\Delta\pi$，显然退出共同体对 N 国是不利的。综上，要促进国家间电力合作或实现集体行动，需要积极发挥制度的激励效应，具体而言，就是使“处在同一共同体内的人们对于本共同体的管理和组织制度具有不同于其他共同体的特殊构想，按照这些构想进行管理（组织）、制度等方面的实验或创新，必然会调动各共同体中人们的社会经济活动参与热情和积极性，同时促使共同体各项制度合理化，限制违反规则行为的发生”（王诚，2001），并最终在此基础上实现资源在更大范围的优化配置。同时，加强制度体系的完善或重构，避免因其不完善或建设滞后而造成主体间或明显或间接的隔阂与警惕，造成合作推进困难，甚至严重时造成共同体的解散。然而，行为主体的策略会根据其主体理性来针对性选择其是合作还是竞争，具体表现为一个国家（N）既面临制度惩罚的拉力，也面临其他共同体合作收益的引力，显然这是一种非稳定状态，对于推进共同体实现区域经济或电力市场一体化是不利的。

（二）节省交易费用的制度安排：偏紧的区域组织

从博弈形式上来看，由于第Ⅱ层面的合作存在来自第Ⅲ层面的收益诱惑，可以说，对于理性的国家主体 N，其在合作层面Ⅱ的净收益情况直接决定了其在推进区域合作的策略选择上。因此，问题就回到了净收益的比较分析上，即如何提高第Ⅱ层面的净收益就成为问题的关键。增加交易成本的制度安排是失败的（Boudreaux and Aligicia，2007），显然在贸易开展阶段，为了尽可能最大化自我利益而设置的制度因增加交易成本而遭到“失败”。随着交易参与者的增加，交易费用在没有合适的制度安排的情况下也是会增加的（制度性贸易壁垒的存在增加了交易费用也说明了这一点）。同时，基于供应安全的角度，多元化的交易选择成为必然。在调剂余缺与供求实时平衡等电力技术经济特点的要求下，区域一体化（电网互联）或区域电力市场建设无论是对于供应安全的保障还是对于资源更大范围的优化配置都是一种有利于合作的组织安排，加之，区域性协定有助于减小交易成本（Castalia Advisory Group，2009），因此，无论是要促进参与者合作以保持共同体的“集体行动”，还是要减少交易费用增加合作的净收益，都需要“成功”的制度安排。由于更为深入的区域合作是在同一层面不同博弈形式下的合作，为了便于分析，这里假定其为“紧密型”的安排，相对不够深入的合作则为“松散型”的安排（如图 7-2 所示）。基于前述假定，有前者的净收益大于后者，自然由松散型向紧密型转变是区域市场一体化制度安排的目标所在。

下文考察不同合作安排与交易费用变动的关系。

在第Ⅱ层面的合作中，假定合作的紧密程度用 t 表示，并在 0 和 $\bar{t}$ 之间变化，其中 0 表示国家处于自给封闭状态，不参与合作，$\bar{t}$ 表示国家间完全合作。根据电力合作阶段的损益分析，不妨令 $\pi(t)$ 表示合作收益，$\delta(t)$ 为合作成本，$\xi(t)$ 为交易费用（交易费用影响贸易收益），均随紧密程度 t 而变化，其中 $\partial\pi'(t) >$

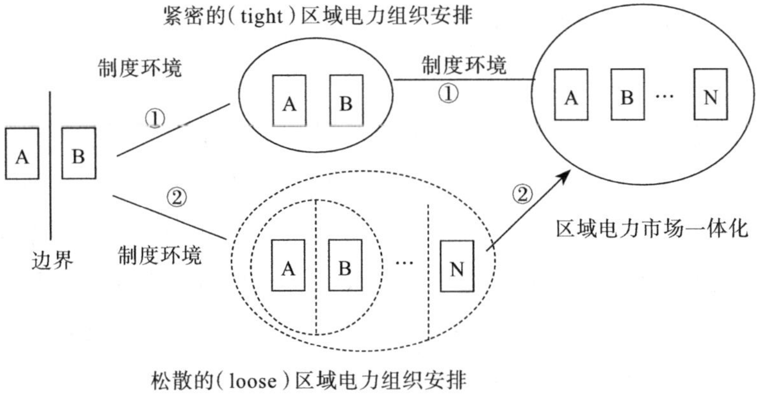

图 7-2　制度环境、组织安排与区域国家间电力合作的演进路径

注：每个方框代表一个主权国家，A、B 和 N 为国家编号；实线圈表示双边或多边的市场交易内化为区域性的一体化交易，边境效应消失，制度和主体偏好趋同；虚线圈表示双边或多边的因主体特征和制度的异质性没被消除而造成区域性内化交易的治理安排并不理想，主体间利益协调仍较困难，交易费用仍然较高，需要通过制度环境改变使其回归最优的路径。

0，$\partial\pi''(t)<0$；$\partial\delta'(t)>0$，$\partial\delta''(t)>0$。根据假定的两种情况，假设 t' 为松散型的合作，t^* 为紧密型的合作，t' 和 t^* 满足 $0<t'\leqslant t^*\leqslant\bar{t}$。显然，不同合作模式的选择取决于净收益的大小。基于此，分别列出 t^* 和 t' 的净收益表达式：

$$g(t^*)=\pi(t^*)-\delta(t^*)-\xi(t^*) \qquad (1)$$

$$g(t')=\pi(t')-\delta(t')-\xi(t') \qquad (2)$$

假定 t^* 状态下净收益最大，则有：

$$g(t^*)-g(t')=\pi(t^*)-\delta(t^*)-\xi(t^*)-[\pi(t')-\delta(t')-\xi(t')]>0 \qquad (3)$$

对式（3）进行变换得到：

$$[\pi(t^*)-\pi(t')]-[\xi(t^*)-\xi(t')]>[\delta(t^*)-\delta(t')] \quad (4)$$

从式（4）可以看出，不等式左边第一部分表示合作收益的变化量，第二部分表示交易费用的变化量，右边为合作成本的变化量。不难发现，如果不等式左边大于右边，则加大区域合作的紧密程度可以带来净收益的增加，即 $g(t^*)>g(t')$；如果紧密程度增加所带来的合作成本变化量大于不等式左边，那么，结构就应该松散一些。然而，即使在贸易收益递减的假定下，仍有 $\pi(t^*)-\pi(t')>0$，同样，合作的紧密化需要国家付出的合作成本明显增加，即 $\delta(t^*)-\delta(t')>0$，可以看出交易费用变化量的大小 $[(t^*)-\xi(t')]$ 对于合作模式松紧的选择至关重要，如果更偏紧的合作模式也不能实现交易费用的节约，即 $\xi(t^*)>\xi(t')$，要保证式（4）成立，就必须有 $[\pi(t^*)-\pi(t')]-[\delta(t^*)-\delta(t')]>[\xi(t^*)-\xi(t')]$；如果可以实现交易费用的节约，即 $[[\xi(t^*)-\xi(t')]<0$，则意味着交易费用的节约可以使贸易收益在不发生很大增加的情况下就能实现较为紧密的合作模式。

显然，交易费用的节约有利于推进合作向高级阶段演进，这也是当前不同区域电力合作实践中积极推进一体化建设的重要推动力量。以湄公河次区域（GMS）电力为例，根据《区域电力贸易运营协议》，明确提出了电力市场建设的最终目标是建立一个完全竞争的区域集中交易系统，因为在多边合作中，集中的市场能够带来交易费用的大幅节约（假定买方个数为 m，卖方个数为 n，且 m，n > 2，以交易次数为交易费用的代理变量，在没有集中交易条件下交易费用为 $C_n^1 \times C_m^1=m \times n$，而在集中交易下交易费用为 $C_n^1+C_m^1=n+m$，显然 $m+n<m \times n$）。因此，交易费用服从

递减规律，由于市场交易替代的存在，区域安排产生的交易费用显然最终会趋于一个稳态值——通过制度优化和机制调整，使其逐步较小，但不会消失（制度性障碍会贯穿合作的全过程）。结合参与者主体合作收益和合作成本的变动轨迹，不难描绘出在深化合作中确保净收益最大的示意图，如图 7-3 所示。这就意味着要维持合作必须进行制度重构，进而实现降低交易费用或使交易费用保持在一个使合作的净收益最大化的稳态水平上，在贸易收益递减和服从成本增加的情况下，假使交易费用保持稳定，要保证净收益最大，则存在一个最佳的合作安排（即 t^*），但基于现实，t^* 点往往是无法把握的，这也是区域合作模式多样化的原因所在。与此同时，由于制度性障碍难以消除，更深一步的合作往往比较困难。

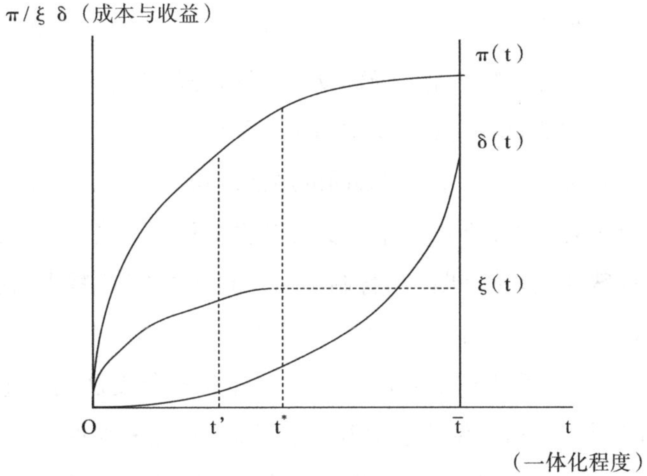

图 7-3　制度成本与区域电力合作的选择路径

第二节　区域电力合作的制度安排：国际经验与实践启示

一、欧盟电力市场一体化下的制度安排：欧共体规则+成员国规则

欧盟无疑是世界范围内区域经贸合作最为成功的典范。从其合作历程来看，欧盟也是最早推动战略性资源区域共管的实施者，1951 年欧洲煤铁共同体（ECSC）计划将西欧六国（联邦德国、法国、意大利、比利时、荷兰和卢森堡）的煤炭和钢铁工业置于共同的超国家机构管理之下。20 世纪 60 年代以来，随着西欧内部相互依赖的大幅提高，从“泛欧”而非地方的视角来整体性设计共同基础设施建设越发必要。1991 年年底通过的《马斯特里赫特条约》引入“泛欧网络”（Trans-European Network），欧共体开始获得交通等网络型产业市场建设的协调权限（雅克·佩克曼斯，2006）。条约的目标是在密切协调成员国经济政策和实现欧洲内部统一市场的基础上，形成共同的经济政策。基于网络型产业基础性行业的特点，建立内部市场显得愈发重要。然而，网络型产业的特殊性（自然垄断）和管制下的“准公共产品”特点，使得尊重其特殊性而实施有效的制度安排成为欧共体的共识。欧共体于 1992 年着手处理阻碍产品市场一体化充分发展的其他原因，诸如规制性障碍、税收边界和边界控制（雅克·佩克曼斯，2006）。为了推进网络型产业的开放和消除制度性障碍，进而实现非扭曲的跨境贸易，欧共体网络型产业内部市场建设可以概括

为六个步骤（如表 7-1 所示），并使之适用于广义上所有有关的网络型产业，为了照顾不同产业部门的特殊性，六个步骤具有弹性并可根据特殊性得以补充。

表 7-1　欧共体网络型产业内部市场建设的步骤与制度安排

步骤程序	政策手段 / 规制	欧共体层面和（或）成员国层面
1. 竞争性质	• 在市场中（网络之间或网络中） • 针对（国内）市场	欧共体和成员国 成员国（过境除外）
2. 引入竞争（进入）	• 独立的规制者 • 单独的“保留性”和竞争性经营	欧共体基本规则 欧共体基本规则
3. 保护公共服务水平（PSO）	• 通用服务（USO） • 公共服务（如果不是 USO）（两者都包括质量）	欧共体最低规则 + 成员国规则
4. USO/PSO 的非扭曲性融资	• 税收的专项补贴 • USO 基金，对营业额课税 • 市场进入费用	欧共体基本规则 + 成员国的选择
5. 非扭曲性进入网络	• 非价格性进入 / 互连规制 • 进入的价格规则	欧共体原则 欧共体规则 + 成员国规则监管
6. 非扭曲性跨境贸易	• 非价格性规则（例如技术性的，容量性的） • 清除旧的“边境”价格	欧共体自由流动和过境规则

资料来源：雅克・佩克曼斯（2006）。

从具体实施步骤和对应的不同管理层面的制度安排来看，欧共体网络型产业内部市场建设充分赋予了超国家机构——欧洲共同体管理权限，但也在尊重成员国(产业)异质性特点的情况下给予成员国“自主选择”的权限(如针对国内市场)。与此同时，制度的安排更为体系化，针对性较强——既有共同体层面的基本规则与最低规则，还有过境规则和成员国规则。在网络型产业的市场开放上，为了消除制度性障碍和国家边界控制，一方面，统一实行了欧共体层面的基本规则；另一方面，基于公共服务的要求，在网络型产业“公共产品”的供给质量和融资上赋予成员国，选择的权限。可以说，这种基于网络型产业的竞争性服务与公益性服务而实施不同层面的制度准则对于其他地区电力合作具有重大的启示意义。在跨境贸易上，在欧共体层面实施了欧共体自由流动和过境规则，以此消除非价格性制度壁垒和过时的制度安排。

欧共体针对网络型产业市场建设的制度安排具体清晰，一方面有利于明确不同层面管理的权利与义务，提高了管理的针对性和有效性；另一方面，针对网络型产业部门的竞争属性，采取竞争性业务遵从“欧共体共同规则”和公益性服务遵从“欧共体规则+成员国规则”的方法，既尊重了不同国家产业异质性的特点和提供公共服务的国家职能属性，也避免了对竞争性业务的国家过分干预和跨境扭曲。

欧盟能源市场的一体化既得益于制度规则的体系化和约束力，也得益于超主权机构——欧盟委员会的权力。一方面，强制的和广泛的欧洲能源政策理念通过欧盟法规(European Union Re-gulations，是所有成员必须执行的立法)和欧盟指令

(European Union Directives，指令为制定目标并转为成员国国内法律且具有明确限定日期的程序)等法律体系得以实施。目前，欧盟已制定出整套的行业法律文件和标准，可以肯定地说，欧洲能源法已经形成，并制定了调节各燃料动力系统部门国际和内部运行的文件。从欧盟能源政策的法律标准和文件等级看，起主要作用的文件是对欧盟各国都具有法律效力的调节措施，然后是法令、决议以及无法律效力的建议等(斯・日兹宁，2006)。另一方面，欧盟委员会拥有针对任何成员国的执行法律行动的权力，可以强制施行欧盟能源法规和指令，并可以将非执行的情况提交欧洲法院。此外，为了应对日益增加的跨境交流，欧盟实施了1228/2003/EC1 法规，确立跨境电力交换的规则，并建立了输电系统运营商间的补偿机制框架(Årdal，2009)。

欧洲的电力市场一体化基本遵循了上述六大程序步骤，具体实施过程与三次连续的改革进程密切相关，即第一、第二和第三能源计划(the first to third energy packages)。第一能源计划为 1996—1998 年的《关于电力和天然气内部市场共同规则的欧盟指令》，要求推动厂网之间的功能性分离(财务和管理独立)。第二能源计划启动于 2004 年，包括电力和天然气内部市场建设所要求的新规则，规则强调要实现输配分离，并强制要求成员国成立国家能源监管机构，以及赋予消费者市场选择权利。实施于 2009 年的第三能源计划，过渡期截至 2011 年，作为新的欧盟指令，旨在实现“产权分离”(ownership unbundling)或者非网络业务从输配系统运营中的分离。为了促进电力合作和跨境电力交易，实施有效的区域治理体系，根据指令安排，成立了以下机构(或组织)和规则体系。一是欧盟能源监管机构合作署(the Agency for Cooperation of Energy Regulators),它不仅可以促进不同国家能源监管机构的合作,更为重要的是它能以指导或监督国家能源管制机构的方式成为欧盟层面的管理机构。此外,它还被赋予了在跨境问题上的决策权力。二是欧盟输电网络系统运营商(the European Network of Transmission SystemOperators),即欧洲互联电网(ENTSO-E),它的成立极大促进了欧盟内部的电力交换。以2013年为例,ENTSO-E全部电力交换量(进出口电量总和,含ENTSO-E成员国与周边非ENTSO-E成员国的电力交换)达到4261亿kWh,成员国之间的电力交换量达到3873亿kWh。根据ENTSO-E于2012年发布的欧洲电网10年规划——《欧洲电网行动路线图2013—2022》(EuropeanElectricity Grid Initiative Roadmap,2013—2022),为适应风电等可再生能源的快速发展,确保欧洲互联电网安全可靠供电,促进欧洲内部统一电力市场的发展,当前改革更多地集中在欧洲电网上,具体而言包括输电网络的容量分配、扩容融资以及过境(transit)问题等。三是确立了跨境输电网络管理的一系列规则和其他确保跨境市场开放(包括零售市场)的规则。

虽然欧盟电力市场一体化取得了积极成效,但仍存在明显的障碍。由于物理互联一体化的历史深受电力交易所发展的影响,目前在欧盟内部存在Nordic、英国—爱尔兰、波罗的海、东欧、西欧、东南欧、伊比利亚地区以及意大利属区(Italian zonal markets)区域交易市场,不同区域市场发展程度存在差异(既有已拥有正式的共同的市场交易规则和价格趋同的北欧电力市场,也有刚刚起步的伊比利亚地区市场），使得欧盟电力市场一体化进程充满不确定性（Jamasb and Pollitt，2005），其中一个绊脚石就是欧盟成员国处在实施共同电力规制的不同阶段上。此外，国家管制消费者价格并不能实现发电技术间的公开比较，电力市场集中度较高，以及存在市场力因素，阻碍了中小电力企业的竞争。

整体而言，欧盟电力市场一体化建设的实践经验被证明是易于为参与者所接受的，并通过合理且成功的制度安排与治理体系使得合作的稳定性预期明显增加，也避免了机会行为的发生。电力交换规模大幅提升证实欧盟电力一体化的进程是较为成功的。同时，欧盟的具体过程和相关经验也为其他地区电力市场建设提供了有益借鉴。以东盟为例，波特等（Porter et al.，2005）所讨论与倡议的东盟电力市场统一的路径选择或改革路线图具有明显的"欧盟痕迹"。具体而言，波特等认为东盟的跨境电力市场可以有三种路线图（如表 7-2 所示），分别是点对点的双边跨境电网互联，有限的网对网的互联和系统完全互联互通，基于不同的路线选择，应采取不同的制度（合同）安排。

表 7-2　东盟跨境电力市场的路线图选择和制度安排

路线图 1	路线图 2	路线图 3
渐进改革：继续点对点互联	分隔改革：形成输电价格和有限的点对网和网对网互联	电力系统整体互联——东盟统一电力市场

续表

步骤要求： ·不改变当前的状况，有选择地推进价格机制形成和以长远视角实现厂网分开 ·制度（institutions） 不需要区域性机构 基于双边基础的协商 联合系统运营；为确保商议的跨境电力交易，需要与其他国家（电网）系统控制机构协调 ·商业安排 主要是长期合约和应急交易协定 信息不对称——成本构成不公开	步骤要求： ·逐步改变当前状况，尤其是输电价格和上网电价的分离，以及彼此业务的分离 ·形成每一个国家电力系统的输电系统运营商（TSO），根据国家电力系统的分割情况，可以形成多个TSO ·设立区域层面的机构——东盟输电和电力互联委员会 （1）输电运营商管理委员会，下设三个区域分支委员会； （2）供成员国采用的金融、管制和规划技能； （3）系统运营协调中心或在其他国家系统控制的背景下实现最小限度的联合系统运营协调	步骤要求： ·区域机构——东盟输电和电力互联委员会 ·规则（regulation） （1）增加国家间和共同规则的协调性； （2）定价分开和价格竞争（不强求） ·商业安排 偏松的电力交易联营（loose trading pool）（仍可以使用长期合约） ·协商 争议解决，必要信息的披露

资料来源：根据波特等（Porter et al., Situmeang，2005）相关资料整理所得。

二、海湾合作委员会电力互联的制度安排：电力互联管理局与成本分担

海湾合作委员会（Gulf Cooperation Council）电力互联计划最初是作为加强经济与政治联系的一个重要途径，在海湾合作委员会成员国 1981 年关于国家间电网互联协定的基础上正式成立的。其设想通过监管咨询委员会（在监管原则和绩效标准下，

负责管理参与主体的执行情况，直到所有成员国成立监管机构，其才能发挥区域监管者的角色）和规划委员会对互联计划的指导，六个成员国的水电部和国家电力公司确定合作的目标和目的。然而，真正的实施却迟至2001年皇家法令（Royal Decree）出台和海湾合作委员会电力互联管理局（GCC Interconnection Authority, GCCIA）的正式成立。随后在2004年，六个成员国同意为互联电网和控制中心提供融资。电力互联的主要任务就是实现发电装机容量的共享和活跃贸易（active trade）；而促进电力贸易的法律框架却是以电力交易贸易协定（Power Exchange Trading Agreement）为中心的，而这个协定由成员国主要是输电实体来签署。该协定要求成员国承担的主要任务包括保持与系统高峰负荷需要相应的最低备用容量和运营容量，以及一些成员国承担的通过使用其他国家容量来完成前述义务的安排。在这些重要任务完成后，剩余的互联容量可以用来进行电力贸易。任何双方贸易都是基于双边合同的形式完成的，海湾合作委员会电力互联管理局（GCCIA）与电力贸易相关的唯一职能就是在授权贸易之前保障输电容量的充裕和向贸易双方提供电力贸易实际产生的信息。未来，GCCIA可以对输电容量进行拍卖。GCCIA是由各成员国提名的董事会来管理的，而管理GCCIA和成员的规章制度要么是由董事会出台，要么是由董事会和规划委员会与运营委员会的成员组成的全体大会制定。GCCIA和互联电网控制中心都位于沙特。用来实施和运用海湾合作委员会国家电力互联计划的制度与治理架构以及法律和合约框架如图7-4所示。

从具体职能来看，部长级委员会指导GCCIA董事会的工作准则与工作规程。GCCIA董事会和规划委员会与运营委员会共同组成会员大会（General Assembly），决定着对所有成员间贸易和对GCCIA自身进行管理的协议与规范。电力调度中心由GCCIA控制。GCCIA是由六个成员国的电力部共同成立且共同拥有的股份制公司，其董事会是由六个成员国的部长所控制。GCCIA发挥了区域输电系统运营商的职能，并与运营委员会一起，负责对管理运营方案的合约与贸易安排进行协调。根据计划，在未来十年内，一个系统和市场运营商将会成立。

法律和合约框架（包括三个层面）负责互联计划的运营，并一直处在发展中。总协定（General Agreement）由各成员国

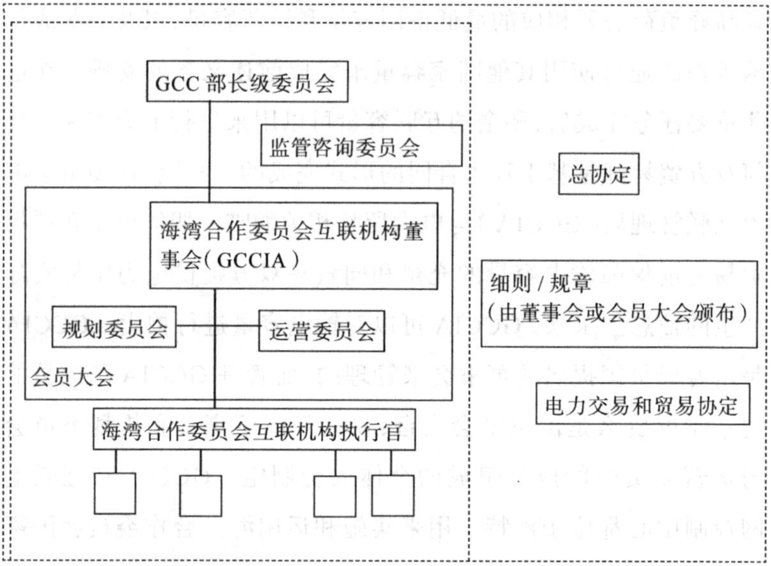

图7-4　海湾合作委员会互联计划治理体系与制度安排

资料来源：根据Economic Consulting Associates（2010）相关资料整理所得。

部长签署，管理着与互联计划相关的所有成员国的高层关系。GCCIA 基于总协定出台法律规章，管理着 GCCIA 自身业务活动和成员国的电力公用事业机构。电力交换和贸易协定（the Power Exchange and Trading Agreement, PETA）是一个重要的文件，规定了互联电网的准入和使用，以及参与者贸易的权利与义务。该协定由所有成员国签署并生效，PETA 涵盖了以下内容：维持最低发电容量的义务，配置互联输电容量，能源贸易，辅助服务，对互联电网容量进行定价和分配，治理非计划电力输送。

为了增强合作的意愿和改善本地区的能源结构，海湾合作委员会成员国在电网互联计划的执行费用上采取了创新模式。根据规划的阶段要求，在不同阶段根据国家的承受能力分担不同的成本份额，GCCIA 的行政费用、成立和年费也以此方式分配（如表 7-3 所示）。从中可以看出，在互联计划的第一阶段，沙特阿拉伯和科威特承担了 70% 以上的成本，而阿联酋和阿曼不承担任何成本；到了合作的第二和第三阶段，情况发生了显著变化，第一阶段承担成本较多的国家份额比重明显下降，而第一阶段不承担成本的国家份额比重显著增加，其中阿联酋负担了 15.4% 的份额。根据前文对博弈场景的分析，这种成本的跨期分配显然是有利于增进合作意愿的。这种制度安排也启示我们，为了增进合作和提高参与者合作的意愿，在跨境电力合作的具体策略安排上，可以在制度完善和保障的前提下，根据参与者成本收益的“时间不一致效应”进行安排，开展旨在促进合作的“跨期的、行动对行动”的策略互动。

表 7-3　资本成本份额

国家	阶段 1	阶段 2 和 3
科威特	33.8%	26.7%
沙特阿拉伯	40.0%	31.6%
巴林	11.4%	9.0%
卡塔尔	14.8%	11.7%
阿拉伯联合酋长国	0.0%	15.4%
阿曼	0.0%	5.6%
总计	100.0%	100.0%

资料来源：Economic Consulting Associates（2010）。

然而，虽然海湾合作委员会电力互联计划与制度安排取得了显著成效，但一些制度性的障碍一定程度上仍然困扰着合作的进程。具体而言，各个国家仍对销售电价实行低于成本的管制，使得电力出口的积极性并不高，加之用户选择权没有放开造成一国电力生产企业无法与另一国合适电力用户之间签署双边电力买卖合约，严重阻碍了双边的直接交易。

三、北欧电力协会：偏紧的组织安排

电力联营体（Power Pools）应该通过电力贸易的标准化平台来减少交易成本（Castalia Advisory Group，2009），北欧电力市场作为富有效率的最为先进的国际电力一体化组织，无论是正式制度还是共同的市场规则都趋于成熟，极大促进了区域电力互联互通（Jamasb and Pollitt，2005）。作为北欧五国（除冰岛外，其余四国拥有统一的电网系统与独立系统运营商 TSO）输电系统运营商和市场参与主体交流与合作的论坛，北欧输电协会（NORDEL）不仅为北欧电力市场的持续健康发展发挥了积极的平台作用，也因为更好地支持了北欧电力共同市场的发展，成为多边电力联营机制的最好实践。NORDEL 成立于 1963 年，作为国家间的电力产业咨询机构，其主要目标是构建和维持北欧国家间用于电力（水电和火电）交换的跨境互联输电线路的有效利用（World Bank，2008）。这一职能一直维持到 20 世纪 90 年代北欧国家推行电力自由化改革。为了适应自由化改革，关于 NORDEL 功能的讨论也陆续展开，1995 年北欧国家能源部长同意通过制度变动来引导北欧电力共同市场（A Common Nordic Electricity Market）的发展。自此之后，通过提升 NORDEL 治理架构来形成与北欧国家输电系统运营商的关系愈发必要，其由最初的主要建立在"君子协定"（gentlemen's agreement）基础上的治理体系扩展到对所有五国输电系统运营商更具有法律约束力。2000 年之后，基本实现了治理架构的转型。从具体职责来看，为了加快形成一个共同的电力市场，NORDEL 的主要职责变为解决支撑电力区域贸易重大技术和运营的问题，其电力交易管理职能被赋予一个独立的新设立的组织——北欧电力交易所或北欧电力库（Nord Pool），这是世界上第一个真正意义上的跨国电力交易所（张志刚等，2005）。

NORDEL 功能的有效发挥和积极成效的取得，与其法律效力（组织权威）和有效的治理体系密切相关。一方面，NORDEL的法律法规框架（legal and regulatory framework）是依据北欧输电系统运营协定（the Inter-Nordic Transmission System Operation Agree-ment，TSOA）来建构的，具体内容包括系统安全标准、平衡管理标准、信息交流、系统保护计划、系统服务、不同子系统联合运营的原则、阻塞管理和容量限制管理、电力短缺规则，以及与其他系统的联合运营等（World Bank，2008）；另一方面，有效的组织治理架构大大节省了相互间电力交易中的交易成本。

从 NORDEL 现有组织架构来看（如图 7-5 所示），其具体运作由每一个国家输电运营商（TSO）的 CEO 共同组成的董事会负责，董事会主席采取轮换制（两年为一届），并由主席组织成立秘书处，秘书处下设联络组、信息组和统计组。日常工作分别由董事会下属的三个永久性委员会（规划委员会、运营委员会和市场委员会）根据具体分工来执行。其中，规划委员会的职责为：实现在不同 TSO 之间持续协调的北欧电力规划，以便为一个平稳运作、有效、一体化的北欧电力市场提供最佳环境条件；发起

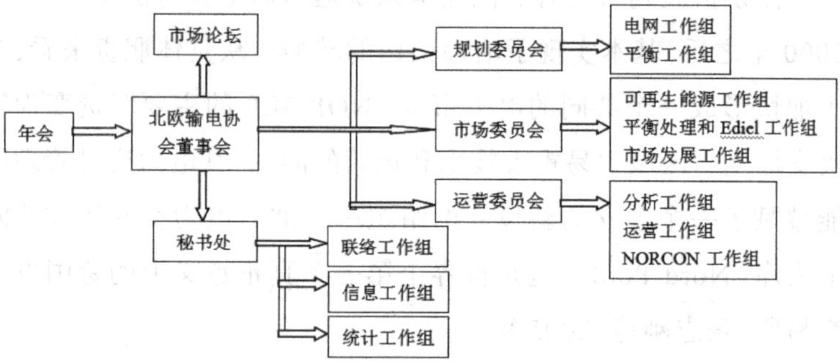

图 7-5　NORDEL 的现有组织架构

和支持北欧电力系统通过有效地利用现有和新的设备来促使系统供应的可靠性和满意度的变化；支持北欧电力系统以与环境可持续发展相一致的方式来发展。当规划输电设施时，对相关影响的评估必须与对自然环境的保护完整结合起来。运营委员会是用来服务北欧电力市场运营的领导小组，具体负责：在短期内解决技术性的系统问题；为电网运营开发技术性框架；在其所负责的领域积极鼓励与电力市场参与主体的对话；协调不同 TSO 间的运营合作，以及在兼顾规定的技术质量要求和运营、供应可靠性的基础上促进旨在为满足市场需求而对北欧电力互联输电系统进行利用的行动。市场委员会具体负责交易电价和过境问题、输电线路阻塞管理、系统平衡处理以及与可再生能源发展相关的其他事项，具体工作目标与任务主要包括：为电力市场主体建立一个无边界的北欧电力市场，以提升区域市场的效率性和功能性；推行在欧盟发挥作用的规则，以促进更为积极的市场趋势和北欧电力市场内的高效互动。

从成立到逐步完善，NORDEL 经过近半个世纪的演化，基本实现了以下重要目标：一是（区域输电）系统运营框架（systems operation framework），框架的构建有利于更好地利用已有发电能力，避免浪费，同时有利于减少必须的备用容量，提高集体应急（停电或危机）能力；二是指令性规划框架（indicative planning frame-work），该规划框架具体用于扩展互联电网和北欧国家电网的共同（尺寸等）量纲标准，设计所有北欧国家火电站的共同技术标准，以及最优化设计和合理建设北欧国家间的互联线路。具体而言，其主要职责为：编制北欧输电系统的发展规划（包括电网投资）、协调管理电网运营阻塞；交换电力系统运行、安全和供电可靠性信息;制定输电定价和辅助服务定价的方法;推进北欧输电系统运营者的国际合作;保持和发展与各国政府电力部门和监管机构(特别是在北欧和欧洲其他地区之间)的联系,以及编制和发布有关北欧电力系统和电力市场的信息等。通过NORDEL的积极作用,北欧各国不仅加强了相互间的合作,而且也促进了电力共同市场的建设与完善,极大优化了资源在区域内的配置。从区域电力交易规模变动情况来看,自2000年以来北欧四国电力进出口贸易总额整体呈现出上升的趋势(图7-6所示),充分证明了区域电力市场建设在NORDEL功能逐步完善的情况下极大促进了区域内的电力交易。

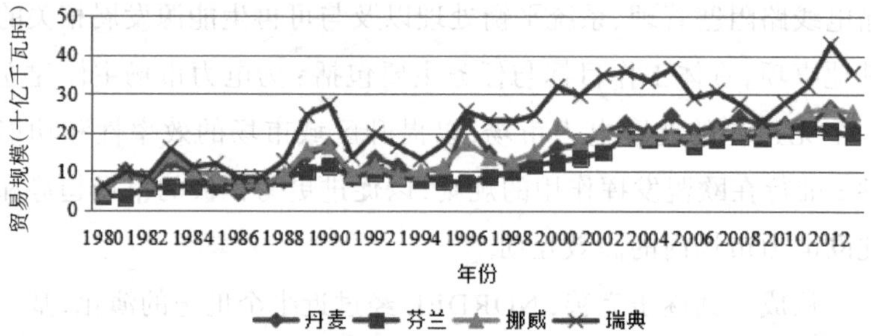

图7-6　1980—2013年北欧四国电力贸易规模变化情况

资料来源:根据EIA相关数据计算所得。

四、中亚统一电力系统的"独而不联":协调机制缺失与自我利益最大化

中亚统一电力系统是在苏联时期成立的旨在实现水电资源在中亚五国时空优化配置的电力交换体系。通过将哈萨克斯坦南部、吉尔吉斯斯坦、乌兹别克斯坦、土库曼斯坦和塔吉克斯坦的

电力系统相互连接，合理使用本地区现有电力资源，提高供电的可靠性。在电力交换与分配上，由位于乌兹别克斯坦首都塔什干的统一调度中心负责对各国电力系统进行调配，系统拥有共同工作制度、集中电力调度、共同计划、统一信息渠道，以及必要的技术监督等。由于制度体系的完善和苏联计划经济体制的效力，该系统在苏联时期较好地解决了各国国内电力资源分布不均的问题，也较为有效地保障了油气资源匮乏的上游国家的冬季用电以及水资源短缺的下游国家的夏季农业灌溉用水，缓解了各国在跨界水资源利用上的矛盾，具体而言就是处于跨境河流（阿姆河和锡尔河）下游的哈萨克斯坦和乌兹别克斯坦等国在夏季时从上游国家吉尔吉斯斯坦和塔吉克斯坦进口部分电力，冬季时下游国家向上游国家出口天然气和煤炭，以解决上游国家由于保障水库容量而导致的电力短缺问题。

随着苏联的解体，中亚国家成为独立的国家主体，而由于中亚五国经济社会发展水平不平衡，各国都从本国利益出发，对待统一电力系统的态度也随之发生变化，对电力的分配逐渐产生分歧。土库曼斯坦于 2003 年 6 月第一个退出，随后哈萨克斯坦和乌兹别克斯坦也相继退出。由于土库曼斯坦每年冬天需要通过乌兹别克斯坦电网输送电力到塔吉克斯坦，乌兹别克斯坦退出电力系统则意味着加剧了对冬季电力需求较高的塔吉克斯坦，电力供应紧张局面。对于退出的理由，乌兹别克斯坦指出[①]苏联解体后，由于缺乏正常的管理机制，统一电力系统已失去运转能力，存

① 《乌兹别克斯坦退出中亚统一电力系统的原因》，中国经济网，2012 年 4 月 6 日。

在出现技术事故进而危及电力系统的危险，同时，统一电力系统缺乏协调中心，这导致对系统内各国的能源使用缺乏监管，某些国家经常擅自从邻国截电，对能源安全造成了不利影响，因此，乌兹别克斯坦退出该系统是为了保障本国的能源安全以及提高本国能源体系的使用效率和延长使用寿命。哈萨克斯坦《资本报》2013 年 10 月 22 日指出[①]，退出中亚统一电力系统、建立统一经济空间共同电力市场对其裨益较多，不仅可以向乌兹别克斯坦等未加入统一经济空间的第三国出口电力，而且饱受困扰的白俄罗斯也将获得哈萨克斯坦电力供应。此外，哈萨克斯坦还能够成为俄罗斯和乌兹别克斯坦电力的输送过境国，可收取过境费用，哈萨克斯坦国家电网公司总裁曾指出，哈萨克斯坦退出中亚统一电力系统遭受的损失是最少的。

综上来看，中亚电力统一系统“解体”与制度尤其是基于各国利益考量的有效电力调度管理制度的缺失密切相关。在苏联时期，在中央计划体制下，国家对各种资源有统一调配的权力，基于资源互补优势而成立的统一电力系统发挥了积极效用，这一制度环境下的博弈形式是一种多方共赢的均衡状态。然而，苏联解体后新的博弈形式出现，尤其是独立后的国家更加重视各自利益，亟需以新的制度安排来协调不同国家的利益关切，遗憾的是始终没有出现对应的制度重构，最终造成追求个体利益最大化下的“集体行动”的失败，不同国家贸易规模的趋势性显著下降的

① 转引自《建立统一经济空间共同电力市场对哈存在较多益处》，2013年10月28日，http://power.in-en.com/html/power-1304130465 2021121.html。

事实也表明了这一点（如表 7-4）。

表 7-4 1992 年以来中亚国家电力贸易规模变动情况

（单位：十亿千瓦时）

年份	1992	1994	1996	1999	2002	2005	2008	2009	2010	2011	2011/1992（%）
哈萨克斯坦	44.067	17.1	8.585	3.155	4.389	7.166	5.252	4.089	4.671	4.409	10.01
吉尔吉斯斯坦	12.706	13.95	16.272	3.261	1.447	2.684	0.555	0.977	1.636	2.795	22.00
塔吉克斯坦	11.996	10.74	9.54	7.384	9.074	8.765	9.718	8.551	0.519	0.257	2.14
土库曼斯坦	4.85	4.7	4.1	1.8	1.056	1.26	1.476	1.568	2.41	2.55	52.58
乌兹别克斯坦	32.204	30	26.748	23.405	22.971	22.92	23.011	23.268	24.087	24.408	75.79
区域电力贸易总额	105.823	76.49	65.245	39.005	38.937	42.795	40.012	38.453	33.323	34.419	32.53

资料来源：根据 EIA 相关数据计算整理所得。

第三节　大湄公河次区域电力合作中的问题与中国对策

一、中国与大湄公河次区域（GMS）电力合作的现状

中国是最早开展电力贸易的国家之一，从目前已有的合作情况来看，中国跨境电力贸易开展既有双边的合作，也有区域组织

框架下的多边合作。1994 年启动 GMS 电力合作起，到 2005 年 GMS 第二次领导人峰会召开之前，中国在 GMS 电力合作问题上一直扮演积极配合的角色。在此期间，中国参与 GMS 电力合作的重要进展是贯通了第一个电力联网项目——中国（河口）与越南（老街）的 110 千伏输电线路，但与其他国家开展双边合作的意愿并不明显。自第二次领导人峰会起到第三次领导人峰会（2008 年），中国政府明显加大了 GMS 合作的力度，并积极在各种机制中发挥作用，促使双边电力合作取得重大进展，2006 年分别与老挝、越南签订电力合作备忘录，2007 年和 2008 年以政府援助项目的方式分别完成了缅甸国家水电项目总体规划和老挝国家电网总体规划。与此同时，以企业为执行主体进行的电力项目建设取得实质性进展，中国南方电网分别投资老挝南塔河 1 号水电站和越南平顺省永兴燃煤发电厂一期工程，并与柬埔寨签署水电项目可行性研究谅解备忘录；此外，在缅甸水电开发问题上，中国企业也开始与缅方相关部门进行接触。

2008 年 GMS 第三次领导人会议以来，中国（企业）通过资金、技术优势积极与其他国家开展电力项目合作，在与周边国家电网互联和电力贸易上取得丰硕成果。在电网建设方面，南方电网公司分别与老挝政府签署《关于投资建设老挝国家电网项目谅解备忘录》，并同老挝国家电力公司签订 230 千伏老挝北部电网建设项目相关协议；与泰国国家发电局（EGAT）签署《加强合作与交流框架协议》，并启动了中泰 500 千伏联网项目；与越南启动 500 千伏联网可行性研究。在电源建设方面，中电投、华能、大唐、华电、国电、三峡等众多中国电力企业在 GMS 国家开发了缅甸孟东项目和伊洛瓦底江上游梯级电站项目等电源项目。从与周边国家的互联线路来看，2007 年中国建成 3 回 220 千伏、4 回 110 千伏线路向越南北部送电；2008 年 11 月起，通过 220 千伏线路向缅甸北部瑞丽江水电站购电；2009 年中国（勐腊）至老挝（那磨）115 千伏输变电工程成功投运。截至 2012 年年底①，云南电网通过 110 千伏、220 千伏两个电压等级 6 条输电线路向越南北方 7 省供电，500 千伏电压等级向越南供电的输电线路工程也得到积极推进；通过 35 千伏、115 千伏两个电压等级 2 条输电线路向老挝北部 3 省供电；通过 220 千伏输电线路由缅甸瑞丽江一级水电站、太平江水电站回购电力。电网的互联互通较好地促进了中国与周边国家间的电力贸易（如表 7-5 所示）。

表 7-5 中国与主要 GMS 国家跨境电力贸易情况

（单位：亿千瓦时）

	流向		2008	2009	2012	2013
售越南电量			32.696	41.3624	24.6721	32.3907
	广西	售越南	1.1383	0.3752	0.6659	0.4707*
	云南	售越南	31.5574	40.9872	24.0062	31.92
购缅甸电量			0.4666	15.2838	19.36	18.85
	云南	购缅甸	0.4666	15.2838	19.36	18.85
售老挝电量			0	0.1295	0.9289	2.04
	云南	售老挝	0	0.1295	0.9289	2.04

① 《李萌：云南电网与越南、老挝、缅甸国家实现互联互通》，新华网，2012 年 11 月 5 日。

注：* 为广西 2013 年 1—6 月份对越南出口电力数据。

资料来源：根据 2010 年《中国电力年鉴》、中国产业数据网等公开资料整理所得。

虽然近些年来中国在 GMS 电力合作中的主导建设性作用愈发显现，双边交易规模呈现稳步提升的态势。但总体来看，中国与次区域国家的电力合作仍处于初级阶段，合作的优势和潜力仍待挖掘。不可否认，距离建立统一可靠的区域电力市场还有相当差距，一方面固然与 GMS 其他五国在与中国开展电力合作中对自身政治主权和经济利益的不同考量显著有关，但另一方面也与中国政府及相关企业“走出去”的战略思路不一致等国内因素密切相关。

二、GMS 电力合作中存在的问题

（一）中国视角下区域电力合作推进的困难表现

为便于分析，假定大国与小国在合作成本上存在显著差异，即大国承受的合作成本将高于小国。在次区域国家中，中国无疑是综合国力最强的国家，其他国家的经济总量明显弱于中国（见表 7-6），这就很容易造成在与中国的合作中，其他国家会无形中会夸大中国的实力而造成其可承受的最优合作成本水平出现下降，进而造成不合作解；与此同时，由于受到域外因素和直接经验的影响，所谓的“中国（企业）威胁”会对其他国家合作的偏向因素造成显著影响，中国主导的局面会使其认为中国承受更高的合作成本是“另有所图”，为了避免这种境况，其他国家就会存在合谋或者宁愿选择付出更高的合作成本而与其他国家合作，造成中国被孤立的局面。就驱动中国合作的因素偏好来看，中国的一些企业主体显然过于重视短期的贸易收益这一强化因素而忽略国家合作的地缘政治考量与国家能源安全等偏向因素，造成国家层面的偏向因素与个体层面的强化因素出现失衡的局面。

表 7-6　GMS 域内五国主要经济社会指标、电力工业发展和政治情况

国家	经济社会发展状况（2012 年）								电力工业发展状况			国内政治情况	
	人口（百万）	GDP（十亿美元）	人均 GDP（美元）	产业结构（%）			贫困人口比重（%）	城市化率（%）	2009 年家庭电气化率（%）	2013 年 189 个国家电力供应排名	电力市场组织模式	政治制度	政党情况
				农业	工业	服务业							
泰国	64.46	366	5390	8.4	39.2	52.4	13.15	45.1	99.3	12	发输一体	君主立宪	多党
柬埔寨	14.8	36.59	2490	34.7	24.3	41	20	22.0	24.0	134	一体化	君主立宪	多党
越南	88.78	358.88	4001	21.6	40.8	37.6	11.3	31.9	97.6	156	一体化	社会主义	一党
缅甸	61.0	82.72	1300	43	20.5	36.5	26	30.8	26.0	126	单一购买	议会民主	多党
老挝	6.51	17.66	2700	37.4	20.2	42.6	26	34.2	69.0	140	一体化	社会主义	一党

资料来源：根据亚行数据库、《世界银行 2013 国家营商环境报告》等相关数据资料整理所得。

具体来看，一是综合国力的悬殊使接壤国家在与中国开展电力合作中存在政治主权和经济利益的平衡考量，这种平衡考量会使相关国家在合作的深度和广度上陷入矛盾，进而阻碍合作进程。随着中国综合国力的大幅提升，周边国家存在“中国威胁”的担心，加之电力合作的政治敏感性，甚至一些国家担忧跨境电网的架设和联通会使其政治经济主权陷入依附于中国的局面，这就造成尽管中国通过资本输出方式广泛地参与GMS五国的电力项目建设中，但就基于电力贸易的电网互联情况而言，中国明显处于劣势地位，并逐渐面临着在GMS电网互联规划中陷入“孤立极”的现实风险。目前，中国仅与缅甸和越南之间建有大容量互联线路，其中与缅甸的线路仅承担着从缅北向中国输电的任务，互联程度并不高；与越南的联通线路也只是承担了电力出口的任务，越南对此线路存在明显的警惕意识，限制了该条线路的扩容发展。此外，与老挝较小的互联容量，严格限制了老挝丰富的水电资源向中国的输入。相比于中国不乐观的形式，泰国与越南均已有多条投入运营或计划建设的骨干网连接老挝、缅甸和柬埔寨，形成GMS电网建设的两个主要区域，或称为“两极”，而中国尽管正在加强与缅甸的电网建设，但骨干架构仍较单薄，互联程度不高。

二是由于缺乏基于GMS电力合作的整体国家战略规划和政策考量，我国不同企业在对“走出去”目的的认识上不一致，严重影响了我国各利益群体形成合力推进区域电力互联互通的效力。由于我国尚没有在GMS电力合作的战略考量与策略应对体系方面形成成熟的国家宏观层面的认识，国家战略与企业经营行为之间难以有效配合和相互支撑。此外，由于国家边境开放和区域合作战略意图的模糊性，各种基于所谓“国家战略”考虑的不同执行主体之间在不同利益权衡的影响下，存在着明显的“战略高地”之争，而这种争夺很大程度上只是单纯基于经济层面的成本收益分析。这不仅严重影响了对电力合作在推进 GMS 经贸合作、产业转移、基础设施建设、民生改善、政治互信等领域积极作用的全面认识，妨碍了国家多元战略目标的构建与实施，而且也因相互竞争造成协同能力和执行效力的大大减弱，贻误合作的时机，同时中方企业的急切进入以及与对象国企业之间巨大的量级差异，也使相关国家形成“担忧和威胁”的心态，影响了合作的意愿。

从企业运行角度，在周边国家整体电力工业发展落后、资金技术欠缺的背景下，企业更愿意专注于潜在电力项目的收益上，这就造成了中国参与 GMS 电力合作的以资本输出、投资建设项目为主的局面。同时，由于对电网互联重要性认识不足和电网巨大的资金投入，以及当前中国与周边国家电力交易规模不大，加之发电企业专注于主业的保守心理和受国内电网企业在电源分业经营政策规定的影响，我国在 GMS 电力项目合作多以电源建设为主，参与有利于区域电力互联互通的电网建设项目的积极性并不高。另外，中资企业参与 GMS 电力项目建设缺乏战略安排，在部分项目上存在不合理竞争的情况，形成“数量众多、整体薄弱”的局面，不仅造成整体合作收益的降低，而且也给其他域外国家电力企业的进入提供了可乘之机，增加深化合作的难度。

（二）国家间互动视角下 GMS 国家间电力合作的难点表现

作为一种偏松的区域电力合作模式，从当前以双边为主的有限的短期交易形式来看，GMS 国家间的合作仍处于较低层次，区域电力市场建设的缓慢推进很大程度上要归因到次区域国家偏向因素的差异上，GMS 五国不同的经济社会发展水平、政治制度和电力工业发展水平等因素（见表 7-6）均会影响其在区域电力合作进程中的利益关切和合作意向。可以说，正是一些国家在合作成本上无法做到有利于利他与互惠战略性安排所要求的水平，或者其认为相比于贸易收益合作成本太高，或者过于偏重合作成本而忽视了贸易收益，加之，区域性制度不完善或效力不足，使得后续的合作深入推进、商业一体化安排和制度监管体系建设难以获得实质性进展。主要有以下几个方面。

一是基于能源供应安全的考量影响了区域电力合作进程。能源是经济属性和政治属性的结合体，跨境电力合作更需要较强的政治意愿。在基于民族国家经济主权和能源供应安全优先考量的背景下，截至目前 GMS 国家既没有在政府层面签署和批准具有法律效力的条约，也没有做出任何关于区域电力市场建设的坚定承诺，即使是备受欢迎的双边交易也只是以短期的有限的政府间协议交易为主，如以签署谅解备忘录或承购商（off-taker）的形式，最具典型的是自 1993 年起，为进口电力泰国与老挝、缅甸和中国签署了一系列的备忘录。由于对政治主权让渡和经济利益受损的担忧，GMS 国家偏向于双边短期交易，而非区域性贸易安排，致使区域电力合作的深度和广度无法取得实质性进展。

二是各国电力市场结构的差异性增加了区域电力市场建设的难度。电力市场的层次结构决定着电力市场的运作模式，从电力市场结构来看，柬埔寨、越南和老挝实行的是垂直一体化的经营模式；缅甸与中国有类似性，实行的是发电环节独立、输配售一体的单一购买模式；泰国虽然实现了趸售环节和零售环节的开放，但发输（厂网）一体化的格局仍然影响了电力市场的竞争。与此同时，在发电环节的准入上，大多数国家虽已实行了包括社会资本参与的独立发电商（IPPs）制度，但越南仍在所有制问题上对 IPPs 进行限制，只允许国有资本进行运营。总体而言，在各国电力工业发展水平的参差不齐、电力市场化改革取向不一致的背景下国家间基于区域电力合作的起点和合作的优先内容安排存在显著的不一致，换言之，发展阶段的梯度性差异造成了区域国家利益关切点的层次性，增加了区域电力市场建设的协调难度，也阻滞了区域电力市场集中交易体系建设的进程，这也是至今没有明确的文件提出清晰的区域电力现货市场（spot-market）建设内容的关键所在。

三是区域性制度建设不完善致使多边更大范围的电力贸易推进缓慢。清晰、有效和公平的制度与市场设计对于鼓励微观主体竞争无疑是至为关键的；同样，具有法律约束力的区域性协议安排和相关治理机制能够有效地防止机会行为的发生和减少不确定性，进而增强合作意愿。根据区域电力合作演进的要求，更大范围的跨境电力贸易需要扩大互联市场监管的协调性（regulatory har-monization），如美国与加拿大已经成功地实施了涵盖所有涉及跨境贸易一体化市场的单一监管机构（a single regulator）模式。与此同时，系统运营的稳定性亟需有效的监管和互联系统运营商之间的无缝合作,这就需要一个完整全面的制度框架来有效分配责任和运营要求。从现有制度体系来看(如图 7-7 所示),区域电力贸易协调委员会(Regional Power Trade Coordination Com-mittee, RPTCC)、重点工作组(the Focal Group)和规划工作组(the Planning Working Group)虽然均由各国的代表组成,但这些机构并没有永久的办事处和稳定的预算安排,这就容易造成机构协调效力和运营效率不足,无法起到有效推进区域电力合作的积极建设性作用。亚洲开发银行研究院

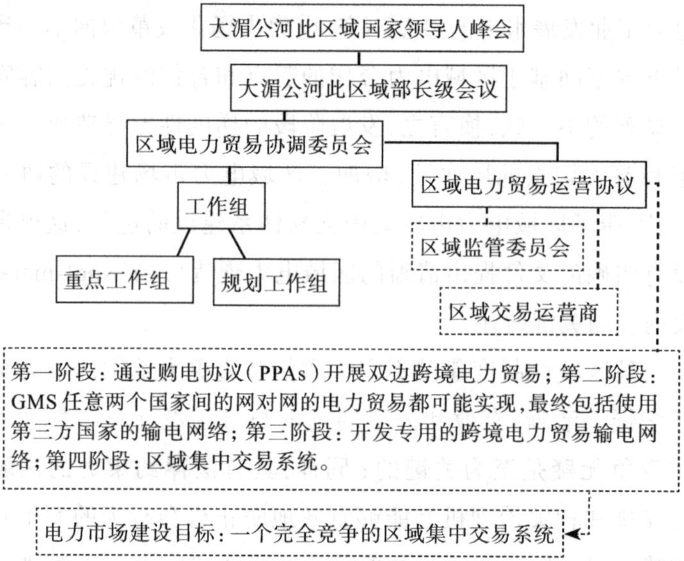

图 7-7　现行 GMS 电力贸易协调体系与一体化进程路线图

注:实框部分为现有 GMS 电力贸易协调体系;虚框部分为贸易运营协议建议成立的机构和构想。

资料来源:根据世界银行(World Bank, 1999)、金和萨贡(Kim and Sagon, 2012)相关内容整理所得。

（2012）指出，大多数 GMS 项目的机构安排和政策都较薄弱，除东盟和南盟外，其他机构都是非正式的，无法从根本上参与基础设施发展。由于缺乏有效的独立的区域电力监管机构——区域监管委员会（Regional Regulatory Bo-ard），加之局限于双边短期交易的合作形式，致使区域性电力系统运营和电力交易机构以及相关制度规则的推进缓慢，造成多边的乃至区域性的电力贸易安排难以成形，一个更为复杂的集中的区域电力贸易体系仅仅停留在理论设想层面。

三、GMS 国家推进区域电力一体化的行动方案选择

电力贸易对于实现次区域电力资源的优化配置、提升整体社会福利具有显著的帕累托改进，然而鉴于已有制度与基础设施的不完善，以及电力的战略性资源属性，GMS 电力合作仍停留在较低水平、较小规模上。为了积极发挥电力贸易的积极成效，推进更高层次、更广范围的区域电力合作，GMS 国家亟需从以下方面取得突破。

一是巩固和完善双边交易模式，适时推进多边合作。GMS 国家已在双边跨境电力贸易模式上取得了积极的成效，并在此基础上形成了较为完善的争议解决和风险应对机制，如泰国和老挝南俄二号购电协议就供电责任事项和相关赔付补偿制度进行了清晰的规定。双边电力贸易有助于以渐进的方式发展基础设施和商业关系，具有允许参与国调整、发展制度和经验，建立信心和互惠的诸多优势，因此在未来短期内仍要继续巩固和发挥双边贸易模式在推动区域电力合作中的建设性作用。与此同时，随着

双边模式的日益完善,作为本地区兼具电力出口和进口双重角色的国家,中国可以通过与规划工作组就多国电网互联项目进行合作,在双边互联电网的基础上根据已有或潜在负荷中心的地理分布,拓展互联电网建设或促进多国电网互联,并不失时机地推进多边电力贸易框架的可行性研究与构建,进一步释放区域电力合作的潜力。

二是继续加强国家间政治互信,深化电力市场化改革共识。由于电力的技术经济特性和政治属性,各个国家仍对电力工业部门进行严格管控,这是无可非议的,承认这种状况可谓开展电力合作的前提条件,也是把握和促进深层次电力合作的起点。因此,在下一步的合作中,仍需以此为基点,推进 GMS 国家就深化区域电力合作取得广泛共识,与此同时,通过区域协调委员会及其下属工作组的积极建设性作用,使各国清晰认识到过度放大电力的政治色彩,不仅会造成因政治博弈的"囚徒困境"而致使区域电力合作停留在浅层次的水平上,而且也会阻滞区域电力合作所引致的诸多红利的释放,进而通过渐进的方式增强合作的政治意愿,并以此为契机,加快国家间具有法律效力和坚强承诺的联合声明,或者类似于能源宪章条约的 GMS 电力市场条约的签署。在政治互信不断增强的基础上,各国要基于区域电力建设的第二阶段要求,加快本国电力部门的市场化改革,尤其是要积极推进电力监管机构的成立和职能完善,加快包括输电环节电价形成机制、竞价上网、输电容量分配和过境费用等在内的电力市场规则的制定,为区域开展更大范围的电网互联和电力贸易创造条件。

三是根据区域电力贸易运营协议建议,加快区域合作协调机制的构建与完善。根据其他区域电力合作的实践,区域电力市场的建设离不开区域性公共产品的有效供给，其中一个最为关键的机构就是区域电力监管机构，如中美洲的区域互联电网委员会。从职能来看，独立的监管机构能够制订区域电力贸易制度和确保输电网络的公平准入，进而确保区域性电网互联。根据GMS电力贸易运营协议建议，成立次区域监管委员会并赋予其制定输电价格、加快跨境输电设施建设安排、评估和建议规划工作组研究报告，解决因跨境交易或使用跨境输电设备而引起的争议，以及为运营协议未来阶段目标的实施提供应对之策等各项职能，是构建一个多边、权威、高效、及时解决实际问题的合作协调机制的关键环节之所在。基于此，加快区域监管委员会的设立对于深化区域电力合作和推进区域电力市场建设既是必要的也是迫切的。

四是积极发挥第三方的平台作用，形成各方协同推进区域电力市场建设局面。可以预见，未来GMS电力贸易需要更为精心的组织架构和利益各方的相互协调，在此背景下，要继续发挥亚行在GMS电力合作上积极的建设性作用；积极争取包括世行、瑞典国际开发署、澳大利亚国际开发署、日本国际合作银行，以及法国开发署在内的其他国际组织与援助机构通过技术援助、优惠贷款、重大项目论证研究等方式来促进区域电力市场建设。与此同时，借鉴已有国际经验，充分发挥区域性合作组织的积极作用（如GMS经济合作、东盟、东盟-中国10+1等），在经贸合作的大框架下有重点地推进能源部门尤其是电力领域的合作。

四、中国在GMS电力合作中的策略选择

鉴于我国在GMS电力合作中的现实境况，在未来发展的进程中我国应坚持有所作为，成为积极的推动者和拉动者，将电力

合作确定为进一步密切中国与GMS国家乃至东盟与南亚地区国家间经贸（能源）关系的重要突破口。以此思路为指导，从策略上逐步达到下述三个目标：第一，实现GMS电源的合理有序开发和更多与中国西南地区互联的双边电网；第二，加快区域内电网互联互通和区域电力市场制度体系建设，基于我国西南地区的资源优势、地理优势和潜在市场优势，促成云南省成为GMS电力交换枢纽；第三，建立GMS统一电力交易市场，在GMS电力资源更大范围优势互补的基础上，实现西南地区成为我国重要清洁能源战略基地的目标。循此思路，我国要提前确立着眼于整体利益和长远利益的宏观战略考量，并在坚持资源、收益共享的基础上，分阶段、分层次地主导GMS电力合作的进程。

首先，中央政府部门应继续加强与次区域国家的政治沟通，按照积极拓展合作与妥善管控分歧并行不悖的相处之道，展现中国参与次区域电力合作的诚意与实力，通过加强政治互信，逐步消除周边国家对电力合作中政治主权和经济利益让渡的顾虑，防止个别国家煽动“去中国化”倾向，最大限度避免中国成为“孤立极”的风险。政治互信是根本性的前提条件，在互利共赢预期合作的基础上，始终坚持策略性的安排，要充分认识到制度性障碍存在的客观性与必要性，坚持赚取时间效应。一方面，要以“稳越推缅”为重心，既要减少南海问题给中越电力合作产生的不利影响，敦促越南积极评估中越扩大互联容量的项目建议，使其充分认识到通过电网互联或已有线路扩容有利于实现越南火电资源和我国西南地区水电资源的优势互补，使其明白“水火互济”对于越南电力系统的稳定、环境生态改善和相关下游产业发展的积极效用，通过电力资源的“引进来”和“走出去”的双向交换，增强其合作的意愿，减少其合作的顾虑。缅甸水电资源丰富，推动与缅甸的合作对于形成中国主导 GMS 电力合作具有重要作用。受缅甸政治民主化进程的影响，中方要主动并积极调整与缅甸的合作思路，既要巩固和稳定已有合作的成果，又要推进双方合作领域向纵深拓展，同时通过充分发挥缅甸不同利益主体的积极作用，逐步消除其对中国在缅甸境内进行资源开采的担忧与警惕，积极通过援助的方式加快缅北地区电气化进程，为进一步深化双边电力合作创造条件。另一方面，要在中国－东盟自贸区和电力贸易协调委员会框架下，加快与老挝和泰国关于双边高压输电线路的建设进程。

其次，在电力合作的具体思路和推进策略上，我国要争取主动，坚持既要协调存在于单一国家的局部利益与参与 GMS 电力合作的整体利益的关系，又要使各类项目建设的规划有利于 GMS 统一电网的形成。要避免中国单方面行动所引发的震动，充分发挥第三方的平台作用，通过积极联合规划工作组来开展 GMS 电网建设规划和电力市场模式的研究工作。把握时机，适时制定与出台（必要时提供援助）关于中国与缅甸、老挝和越南的互联电网布局、输电线路和技术标准的选择方案，确定重点规划项目，形成中国参与 GMS 电网建设的路线图和时间表；确定中国参与 GMS 电力合作的交易模式及电力消纳方案。

再次，要积极发挥云南省作为我国面向西南开放的桥头堡地位，推进其在 GMS 电力合作中的主导作用。无论是基于电力贸易的地理毗邻性还是基于合作对等实体的要求，云南省一方面具有开展 GMS 电力合作天然优势——人文相近，地理相连，合作的地缘优势和直接效用更为明显；另一方面，在 GMS 电力互联互通上具有身份认同的明显优势，与其他国家的合作引发的轰动和猜想明显较低。基于此，积极鼓励云南省在诸多有利于电力贸易与合作的政策上先试先行。与此同时，要主动从国家战略的高度积极支持云南省成为GMS电力交换枢纽，尤其关键的是在当下各相关职能部门要积极配合和大力支持GMS区域电力协调中心落户昆明的行动。

此外，更为重要的是，要加快建立中国参与区域电力合作的联合工作小组，通过明确不同主体的责任与义务，形成政府与企业的协调配合机制，最终通过中央政府的垂直管理和企业、部门间的横向协同，形成有利于统筹地方经济社会发展、企业可持续经营和国家地缘、能源战略意图实现的"走出去"局面。制度性障碍与国内电力市场的开放直接相关，进而影响到合作进程，因此，基于长远考量，中国要在电力体制改革与电力合作和开放上率先做出示范与有益探索。

第八章　研究结论

基于国家理性的视角，本书首次全面深入地对跨境电力合作中的相关问题进行了理论与实证的分析，得出的主要研究结论如下。

（1）电力合作的风险判别与存在性。根据 EIA 关于电力贸易的统计数据，以能源进口依存度作为风险的识别指标，经过统计分析和实证检验发现，虽然电力合作已成为一种世界性的趋势，但供应安全的政治考量却是一直存在的，即使是实现供应结构与渠道多元化（区域电力联营）的国家依然对此保持"敏感性"。对能源供应安全的担心使合作主体陷入相互依赖与自主性的矛盾中，致使电力基于理性主体考量具有明显的政治属性，而这一属性的现实存在又内在地决定了电力合作的风险、电力贸易的规模与福利以及电力合作的进程。

（2）电力合作的阶段性特点与损益情况。电力合作根据电力自身的技术特点和实施条件具有明显的阶段性，合作阶段的交替演变使得电力合作在国家理性的考量下既是可逆的，也是演进的，意味着任何一个阶段的合作都不是稳态均衡，而是充满着不确定性。同时，随着合作的深入或阶段向高级演进，电力合作的边际收益具有明显的递减，而边际成本却明显递增，这就表明合作的引发的成本敏感性越发强烈，从而阻碍了合作的深入。简言之，由于政治主权完全无法让渡的客观约束，"超主权"的区域电力合作一体化进程是很难实现的。

（3）从主体博弈场景设定的视角，基于合作剩余、生产的范围经济和博弈理论，构造了不同主体基于合作实现或预期情景下的合作收益与合作成本，并基于电力合作的政治经济双重属性和关于政治考量存在性的证明和电力合作阶段的损益演变特点，依据国际贸易理论对不同合作类型国家的假定和国际关系理论关于合作主体基于相对收益与绝对收益的行为目标，分别设定了电力合作中行为主体的成本与收益的特点，并进一步基于成本收益分别形成了个体收益、相对收益和共同收益的表达式，以此作为主体基于合作的目标动机，结合博弈形式来探讨合作的条件与困难。

一是个体收益能否实现帕累托改进的合作情景。显然，如果合作并没有带来主体绝对收益的帕累托改进，合作是不可能发生的；如果合作只带给一方改进，而另一方收益恶化，则背叛就是理性的选择。从合作主体类型看，存在着大国为获取小国合作而愿意承受短期收益没有改进的策略安排；同样，根据行动能力，小国如果没有实现帕累托改进，其可以选择对抗下的不合作和弱势妥协下的被迫合作。从成本收益的视角来看，存在着个体"放大"合作成本而低估合作收益，以个体收益没有实现帕累托改进为口实而选择不利于集体行动的策略安排。如果合作的双方都实现了帕累托改进，但对应的成本付出与收益所得并不对等，那么合作也是不稳定的。为了促进合作，某一行为主体也存在着为了实现对方合作而承担更高成本、索取较小收益的策略性安排。

二是绝对收益或相对收益最大化的合作情景。如果行为主体都试图实现相对收益的最大化，彼此就会因利益无法协调而使合作陷入囚徒困境，造成最优的博弈均衡（集体收益最大化）无法实现。由于相对收益的最大化最终将给彼此带来都不利的局面，基于理性，个体更多地把关注集中到绝对收益上，因为在合作共同收益一定的情况下，绝对收益的最大化就等价于同时实现了绝对收益和相对收益的最大化。要实现绝对收益最大化，由于合作收益因事前的“讨价还价”而难以短期改变，最小化合作成本就成为主体最优的策略安排。根据策略性互动，任意一个行为主体都拥有自己可以承受的“合作成本”和基于策略反应希望他方能承受的合作成本预期。如果对方承担成本与预期其承担的成本不一致，那么就会认为对方存在机会行为，而合作就会解散；由于合谋的存在，故意通过贬低另一方的合作成本而排挤合作成员的策略行为也是可能的。从成本递增的特点来看，大国与小国均不同程度上存在着合作成本的上限约束，在此情况下，任何试图最小化成本而最大化收益的行动显然是不利于合作的行动，基于长远也不利于合作的深入推进。

三是最大化共同收益的合作情景与机会行为。双方如果以共同收益最大化作为行动目标，那么利益的共容很容易实现合作和深入合作。然而，由于电力合作需要资产专用型的投资，如果彼此基于长远的利益最大化而合作显然这一投资将转为彼此收益；如果在合作的过程中发生了一方“背叛”的机会行为，那么大量的投资将会成为沉没成本，使承担过多合作成本的一方承受巨大的损失。因此，互利共赢的电力合作如果没有有效的监督和制度保障，可能会因单方面的“机会行为”而无法实现彼此双赢，这一机会行为的存在会使集体行动陷入困境，或者在互利共赢的合作项目中，因担心对方的合作过程中的“机会行为”，彼此形成有效预防风险的制度协定是必要的也是重要的。如果彼此对利益共容有共同的预期，对行为合作的偏向有充分信息交流，那么实现共同利益最大化就成为最优的合作目标，为此可以实施区域合作或成员“俱乐部”的方式，一方面扩大合作收益，一方面降低合作成本。

然而，个体利益与集体利益的相容相悖辩证了说明了合作的复杂性。基于前述三个博弈场景的分析和对应的主体行为策略的多样化，要实现个体利益与集体利益从相悖走向相容需要满足的条件更多，任何一个条件的缺失或不成熟就会使集体行动难以实现。

（4）制度性差异与电力贸易福利关系的理论和实证研究充分证实了制度性差异在双边的电力贸易中发挥的贸易“楔子”的阻碍作用，使得集体贸易福利无法实现帕累托最优，而旨在打破市场边界的实现制度趋同或变迁的贸易安排有利于促进贸易福利的改进，从而扩大贸易规模和推进合作进程。然而，基于个体理性和供应安全的政治考量，制度性差异的存在或人为设置却是理性的“占优策略”，目的是保持自己在合作行动中的自我行动能力，以便根据自我利益的动态调整而进行策略性的行为互动。

（5）从制度对行为主体影响的视角，结合电力合作中出现的个体利益与集体利益冲突、机会行为和成本约束等影响合作的因素，以及制度性差异对贸易福利影响，本书从理论上尝试构建有利于增强合作可能性的制度环境，一方面发挥制度对行为体的奖励或惩罚来促进合作，另一方面通过降低交易费用的偏紧组织安排推进合作的深入。同时，国际电力合作制度安排的经验事实表明推进电力市场开放、消除制度性差异和策略性的合作安排可以有效促进电力合作，而缺乏系统性具有行为约束力的制度安排和组织体系，将会造成集体行动困境。最后，基于中国在大湄公河次区域的电力合作现状的研究发现，合作主体实力的不对等使其他国家在与中国电力合作问题上面临合作成本付出过大的担心或预期，从而影响了对合作收益的偏好差异。

参考文献

一、中文文献

（一）中文专著

保健云:《贸易保护主义的国际政治经济学分析——理论模型、实证检验及政策选择》,经济科学出版社 2010 年版。

何大安:《选择行为的理性与非理性融合》,上海三联书店、上海人民出版社 2006 年版。

李荣华主编:《电价理论与方法》,中国电力出版社 2014 年版。

秦亚青主编:《理性与国际合作:自由主义国际关系理论研究》,世界知识出版社 2008 年版。

宋伟:《国际关系理论——从政治思想到社会科学》,上海教育出版社 2011 年版。

苏长和:《全球公共问题与国际合作:一种制度的分析》,上海人民出版社 2009 年版。

汤萌:《中国电力市场化改革及其区域问题研究》,中国经济出版社 2004 年版。

王国成:《行为—制度—增长:基于博弈模型的分析框架及应用》,中国社会科学出版社 2012 年版。

亚洲开发银行研究院编:《亚洲基础设施建设》,邹湘、智银凤译,社会科学文献出版社 2012 年版。

张五常:《制度的选择》,中信出版社 2014 年版。

张宇燕、李增刚:《国际经济政治学》,上海人民出版社 2008 年版。

郑永年:《全球化与中国国家转型》,郁建兴、何子英译,浙江人民出版社 2009 版。

朱建荣主编:《东亚能源合作——寻求共同繁荣之路》,上海人民出版社 2012 年版。

(二)中译书籍

〔德〕卡尔·冯·克劳塞维茨:《战争论》,张蕾芳译,译林出版社 2012 年版。

〔俄〕斯·日兹宁:《国际能源政治与外交》,强晓云主译,华东师范大学出版社 2005 年版。

〔俄〕斯·日兹宁:《俄罗斯能源外交》,王海运、石泽译,人民出版社 2006 年版。

〔法〕雷蒙·阿隆:《和平与战争——国际关系理论》,宋孔彦译,中央编译出版社 2013 年版。

〔法〕米歇尔·克罗齐耶、埃哈尔·费埃德伯格:《行动者与系统——集体行动的政治学》,张月等译,上海人民出版社 2007 年版。

〔法〕让-皮埃尔·戈丹:《何谓治理》,钟镇宇译,社会科学文献出版社 2010 年版。

〔荷〕雅克·佩克曼斯:《欧洲一体化方法与经济分析》(第二版),周弘、吴弦、陈新译,中国社会科学出版社 2006 年版。

〔美〕埃莉诺·奥斯特罗姆、罗伊·加德纳和詹姆斯·沃克:《规则、博弈与公共池塘资源》,王巧玲、任瑞译,陕西人民出版社 2011 年版。

〔美〕奥斯特罗姆、菲尼和皮希特主编:制度分析与发展的反思——问题与抉择(中文版序言),王诚等译,商务印书馆 2001 年版。

〔美〕保罗·肯尼迪:《大国的兴衰——1500—2000 年的经济变迁与军事

冲突》，陈景彪译，国际文化出版公司 2006 年版。

〔美〕保罗·萨缪尔森、威廉·诺德豪斯：《经济学》（第 18 版），萧琛主译，人民邮电出版社 2008 年版。

〔美〕道格拉斯·诺斯、罗伯特·托马斯：《西方世界的兴起：新经济史》，厉以平、蔡磊译，华夏出版社 1998 年版。

〔美〕丹尼·罗德里克：《经济全球化的治理》，摘自〔美〕约瑟夫·奈主编：《全球化世界的治理》，门洪华译，世界知识出版社 2003 年版。

〔美〕丹尼·罗德里克：《新全球经济与发展中国家：让开放起作用》，王勇译，世界知识出版社 2004 年版。

〔美〕丹尼·罗德里克：《相同的经济学，不同的政策处方——全球化、制度建设和经济增长》，张军扩、侯永志等译，中信出版社 2009 年版。

〔美〕汉斯·摩根索：《国家间政治：权力斗争与和平》，肯尼思·汤普森修订，徐昕、郝望、李保平译，北京大学出版社 2012 年版。

〔美〕肯尼思·N. 华尔兹：《人、国家与战争——一种理论分析》，倪世雄、林至敏、王建伟译，上海译文出版社 1991 年版。

〔美〕肯尼思·华尔兹：《国际政治理论》，信强译，上海人民出版社 2008 年版。

〔美〕拉塞尔·哈丁：《群体冲突的逻辑》，刘春荣、汤艳文译，上海人民出版社 2013 年版。

〔美〕罗伯特·阿克塞尔罗德：《合作的进化（修订版）》，吴坚忠译，上海人民出版社 2007 年版。

〔美〕罗伯特·吉尔平：《世界政治中的战争与变革》，宋新宁、杜建平译，北京大学出版社 2005 年版。

〔美〕罗伯特·吉尔平：《国际关系政治经济学》，杨宇光译，上海人民出版社 2006 年版。

〔美〕罗伯特·基欧汉:《霸权之后: 世界政治经济中的合作与纷争》,苏长和等译,上海人民出版社 2006 年版。

〔美〕马汉:《海权论: 海权对历史的影响》,萧伟中、梅然译,中国言实出版社 1997 年版。

〔美〕曼瑟尔·奥尔森:《国家的兴衰: 经济增长、滞胀和社会僵化》,李增刚译,上海人民出版社 2007 年版。

〔美〕曼瑟尔·奥尔森:《集体行动的逻辑》,陈郁、郭宇峰、李崇新译,上海三联书店上海人民出版社 1995 年版。

〔美〕乔尔·S. 米格代尔:《社会中的国家——国家与社会如何相互改变与相互构成》,李杨、郭一聪译,江苏人民出版社 2013 年版。

〔美〕萨利·亨特:《电力竞争》,《电力竞争》编译组译,经济科学出版社 2004 年版。

〔美〕托马斯·E. 斯基德莫尔、彼得·H. 史密斯和詹姆斯·N. 格林:《现代拉丁美洲》,张森根、岳云霞译,当代中国出版社 2014 年版。

〔美〕亚历山大·温特:《国际政治的社会理论》,秦亚青译,上海人民出版社 2008 年版。

〔美〕英吉·考尔和卡特尔·勒·古尔文:《为全球公共产品融资: 公共财政新领域》,载〔美〕英吉·考尔等编:《全球化之道——全球公共产品的提供与管理》,张春波、高静译,人民出版社 2006 年版。

〔美〕约瑟夫·格里科:《无政府状态和合作的限度》,载〔美〕大卫·鲍德温主编:《新现实主义与新自由主义》,肖欢容译,浙江人民出版社 2001 年版。

〔美〕约瑟夫·格里科、约翰·伊肯伯里:《国家权力与世界市场: 国际政治经济学》,王展鹏译,北京大学出版社 2008 年版。

〔瑞典〕伯特尔·俄林:《区际贸易与国际贸易》,逯宇铎等译,华夏出版社

2013年版。
〔西班牙〕安东尼·埃斯特瓦多道尔、〔美〕布莱恩·弗朗兹、谭·罗伯特·阮：《区域性公共产品：从理论到实践》，张建新，黄河译，上海人民出版社2010年版。
〔英〕戴维·米勒等编：《布莱克维尔百科全书》，邓正来等译，中国政法大学出版社1992年版。
〔英〕丹尼斯·C. 缪勒：《公共选择理论》，韩旭、杨春学等译，中国社会科学出版社2010年版。
〔英〕弗里德里希·奥古斯特·冯·哈耶克：《通往奴役之路》，王明毅、冯兴元等译，中国社会科学出版社，2013年4月修订版。
〔英〕卡尔·波兰尼：《巨变：当代政治与经济的起源》，黄树民译，社会科学文献出版社2013年版。
〔英〕苏珊·斯特兰奇：《国家与市场》（第二版），杨宇光等译，上海世纪出版社2012年版。

（三）期刊论文

崔立如：《关于中国国际战略的若干思考》，《现代国际关系》2011年第11期。
陈柯旭：《中俄电力合作分析》，《商场现代化》2009年第36期。
程俊、王致杰、贾晓希、曾鸣：《大湄公河次区域电力贸易中心设计及政策建议》，《水电能源科学》2013年第1期。
郭关玉：《新现实主义、新自由主义和建构主义关于国际合作的条件的理论述评》，《社会主义研究》2005年第6期。
韩宝庆：《对发展我国电力对外贸易的几点看法》，《华北电力大学学报（社会科学版）》2006年第2期。
韩宝庆：《大湄公河次区域电力贸易与合作的障碍分析》，《电力技术经济》

2007 年第 1 期。
黄凯南:《主观博弈论与制度内生演化》,《经济研究》2010 年第 4 期。
蓝建学:《中国与南亚互联互通的现状与未来》,《南亚研究》2013 年第 3 期。
李春杰、张宇波、黄文杰、赵会茹:《区域电力市场中电力互联的经济效应数据包络分析》,《工业技术经济》2008 年第 8 期。
李瑞庆、方陈、夏清、魏学好:《地区间电力市场互联互通相关问题(一)基本模型与社会福利分析》,《电力系统自动化》2009 年第 22 期。
李少源:《电力出口贸易的特点及风险分析》,《云南水力发电》2008 年第 1 期。
李晓辉:《发展方式转变、能源体制改革与能源法的转型》,《经济法研究》2013 年第 1 期。
李新、王翠竹、谭桑:《制度与国际贸易关系研究进展》,《经济学动态》2013 年第 11 期。
梁波、王海英:《"权力游戏":产业变迁中的微观政治——以中国石油产业市场参与格局变迁为例》,《管理世界》2013 年第 7 期。
刘宝华:《电能的属性与电力工业市场化》,《中国电力企业管理》2010 年第 7 期。
刘青建、刘杨军:《国际合作的相对收益问题——对西方主流国际关系相关理论的评析与修正》,《中国人民大学学报》2009 年第 2 期。
龙晴、林春:《关于我国参与大湄公河次区域电力合作的战略思考》,《现代电力》2006 年第 3 期。
马珺:《公共物品问题:文献述评》,《中华女子学院学报》2012 年第 1 期。
秦亚青:《西方国际关系学的现实主义与新现实主义理论》,《外交学院学报》1996 年第 2 期。

屈子力:《内生交易费用与区域经济一体化》,《南开经济研究》2003 年第 2 期。
石斌:《相互依赖·国际制度·全球治理——罗伯特·基欧汉的世界政治思想》,《国际政治研究》2005 年第 4 期。
史丹:《全球能源格局变化及对中国能源安全的挑战》,《中外能源》2013 年第 2 期。
史丹、聂新伟:《电力贸易的制度成本与 GMS 电力合作中的中国选择》,《财贸经济》2014 年第 9 期。
宋超英、朱建明、闫艾丽:《时间偏好不一致的行为经济学解释》,《经济问题》2011 年第 1 期。
宋卫东:《世界跨国互联电网现状及发展趋势》,《电力技术与经济》2009 年第 5 期。
王静:《绝对收益还是相对收益——试析国家地位对国际合作的影响》,《理论界》2010 年第 10 期。
伍世安:《转变经济发展方式的制度性障碍分析》,《企业经济》2012 年第 2 期。
谢文捷、于友伟:《国际能源贸易的形成和发展研究》,《国际贸易》2005 年第 3 期。
许勤华:《中国能源生产与消费取向:自发达国家行为观察》,《改革》2014 年第 8 期。
姚立新:《国际贸易理论发展的逻辑——兼与刘东旭等同志商榷》,《国际贸易问题》2000 年第 8 期。
余嘉明:《中国跨境电力贸易:一片艳阳天》,《中国经贸》2010 年第 9 期。
张振山、孙德升、关晶、王莉:《黑龙江对俄电力合作模式研究》,《科技创业月刊》2013 年第 5 期。

张昕竹、冯永晟、阙光辉:《输配电网分离的定量研究》,《中国工业经济》2010 年第 2 期。
张屹山、孔灵柱:《基于权力范式的汇率决定研究》,《经济研究》2010 年第 3 期。
张志刚、王涛:《北欧电力市场交易研究》,《天津电力技术》2005 年增刊。
赵俏姿、曾芬钰:《中国电力产业国际贸易前景分析》,《上海电力学院学报》2008 年第 4 期。
朱成全:《对实证分析和规范分析争论的科学哲学的思考》,《江西财经大学学报》2005 年第 3 期。
庄惠明、黄建忠:《国际贸易理论的演化: 维度、路径与逻辑》,《国际贸易问题》2008 年第 11 期。
邹鹏、陈启鑫、夏清、何畅和葛睿:《国外电力现货市场建设的逻辑分析及对中国的启示与建议》,《电力系统自动化》2014 年第 13 期。

(四)学位论文

贾军安:《税收征管国际合作研究》,厦门大学博士学位论文,2007 年。
李铁立:《边界效应与跨边界次区域经济合作研究》,东北师范大学博士学位论文,2004 年。
刘彦:《国际电力贸易合同相关法律问题研究》,西南政法大学硕士学位论文,2008 年。
夏天泉:《四川电力走出去战略的具体实践——投资建设格鲁吉亚卡杜里电站的启示》,西南财经大学硕士学位论文,2004 年。
张靖会:《农民专业合作社效率研究——基于俱乐部理论视角的分析》,山东大学博士学位论文,2012 年。

（五）论文集内论文文献

刘慧：《复杂行动与合作的演化》，载秦亚青主编：《理性与国际合作：自由主义国际关系理论研究》，世界知识出版社 2008 年版。

杰弗里·加勒特和巴里·R. 魏因格斯特：《观念、利益与制度：构建欧洲共同体内部市场》，载〔美〕朱迪斯·戈尔茨坦和罗伯特·基欧汉主编：《观念与外交政策：信念、制度与政治变迁》，刘东国、于军译，北京大学出版社 2005 年版，第 170、172、173 页。

王铁军：《东亚能源合作与地缘政治——从中日俄的角度看》，载朱建荣主编：《东亚能源合作》，上海人民出版社 2012 年版，第 4 页。

（六）网站

陈瑶：《中缅合资密松水电站搁置两年重启呼声渐起》，新华网，2013 年 9 月 4 日，http://news.xinhuanet.com/overseas/2013-09/04/c_117231936.htm。

格鲁吉亚总统：《结束能源依靠俄的历史》，国际能源网，2006 年 4 月 13 日，http://www.in-en.com/article/news/intl/2006/04/13/20060413455.html。

李萌：《云南电网与越南、老挝、缅甸国家电网实现互联互通》，新华网，2012 年 11 月 5 日，http://www.yn.xinhuanet.com/news-center /2012-11/05/c_131952403.htm。

李克强：《适时在东部地区启动新的核电重点项目建设》，新华网，2014 年 4 月 20 日，http://news.xinhuanet.com/politics/2014-04/20/c_1110320667.htm。

舒印彪：《中国与周边国家扩大电网互联互通潜力巨大》，新华网，2014 年 11 月 11 日，http://news.xinhuanet.com/energy/2014-11/11/

c_127198229.htm。

习近平:《积极推动我国能源生产和消费革命》,新华网,2014年6月13日,http://news.xinhuanet.com/2014-06/13/c_1111139161.htm。

《格鲁吉亚电力能源政策及投资前景》,商务部,2008年12月11日,http://power.in-en.com/html/power-1644164494272599.html。

《建立统一经济空间共同电力市场对哈存在较多益处》,商务部,2013年10月28日,http://power.in-en.com/html/power-13041304652021121.html。

《密松水电站停工,中缅两败俱伤》,中国电力网,2014年1月10日,http://www.chinapower.com.cn/newsarticle/1202/new1202563.asp。

《缅甸停建密松水电站项目两年致中方惨遭损失》,筑龙水利工程网,2014年1月03日,http://news.zhulong.com/read184786.htm。

《乌兹别克斯坦解释退出〈中亚统一电力系统〉原因》,中国经济网,2012年4月5日,http://intl.ce.cn/specials/zxgjzh/201204/05/t20120405_23215836.shtml。

(七)报纸媒体

范思立:《能源短缺催生电力贸易国际化》,《中国经济时报》2006年6月19日第3版。

李光华:《密松项目重燃仍要持续堆柴》,《第一财经日报》2013年8月13日,http://www.yicai.com/news/2013/08/2936836.html。

刘玉鹏:《俄与阿布哈兹签约结盟开辟与西方较量新战线》,《环球时报》,2014年11月26日 http://world.huanqiu.com/exclusive/2014-11/5215626.html。

汪时锋:《缅甸投资的中国教训》,《第一财经日报》2013年8月13日,http://www.yicai.com/news/2013/08/2936829.html。

王玮、彭源长：《电网互联无国界》，《中国电力报》2005 年 11 月 24 日第 1 版。

习近平：《携手追寻民族复兴之梦——在印度世界事务委员会的演讲》，《人民日报》2014 年 9 月 19 日第 3 版。

肖鹏：《GMS 电力贸易：次区域经济合作的必要选择——大湄公河次区域电力贸易的动因与合作机制浅谈》，《中国贸易报》2005 年 8 月 4 日第 11 版。

张博庭：《密松水电站缘何被叫停？》，《中国能源报》2012 年 4 月 9 日第 20 版。

周继胜：《格鲁吉亚电气化时代是历史还是未来？》，《国际商报》2004 年 8 月 21 日第 005 版。

二、外文文献

（一）外文著作

Christopher A. Hartwell. *Institutional Barriers in the Transition to Market——Examining Performance and Divergence in Transition Economies*, Palgrave Macmillan, 2013.

David A. Baldwin. *Neorealism and Neoliberalism: The Contemporary Debate*, New York: Columbia University Press, 1993.

David Held, Anthony McGrew, David Goldblatt & Jonathan Perraton. *Global Transformation: Politics, Economics and Culture, Global Transformation Reader London*, Polity Press, 1999.

Herve Moulin. *Cooperative Microeconomics: A Game-Theoretic Introduction*. Princeton, New Jersey: Princeton University Press, 1995.

Joseph M. Grieco. *Cooperation Among Nations: Europe, America, and*

Non-Tariff Barriers to Trade, Ithaca: Cornell University Press, 1990.

Karl Boudreaux, Paul Dragos Aligica & Peter J. Boettke. *Paths to Property: Approaches to Institutional Change in International Development*, London: Institute of Economic Affairs Press, 2007.

Kenneth N. Waltz. *Theory of International Politics*, McGraw-Hill Humanities, 1979.

Mancur Olson. *Power and Prosperity: Outgrowing Communist and Capitalist Dictatorship*, New York: Basic Books, 2000.

Max Weber. *The Theory of Social and Economic Organization*, Talcott Parsons, New York: Free Press, 1964.

Peter B. Evans, Dietrich Rueschemeyer & Theda Skocpol. *Bringing the State Back*, Cambridge: Cambridge University Press, 1985.

Robert O. Keohane. *After Hegemony: Cooperation and Discord in the World Political Economy*, Princeton, New Jersey: Princeton University Press, 1984.

Robert Owen Keohane. *International Institutions and State Power: Essays in International Relations Theory*, Westview Press, March 29, 1989.

Stephen D. Krasner. *Sovereignty: Organized Hypocrisy*, New Jersey: Princeton University Press, 1999.

Williamson, O. E. *Corporate control and business behavior: An inquiry into the effects of organization form on enterprise behavior*. Englewood Cliffs, Prentice Hall, 1970.

（二）外文期刊文献

Artyom Matusov. "Energy Cooperation in the SCO: Club or Gathering",

China and Eurasia Forum Quarterly, Vol. 5, Issue 3, 2007, pp. 83-99.

Ashish Ranjan, Larry Hughes. "Energy Security and the Diversity of Energy Flows in an Energy System", *Energy*, Vol. 73. Aug 2014, pp. 137-144.

Calzonett F. J. "Canada-U.S. Electricity Trade and the Free Trade Agreement: Perspectives from Appalachia", *Canadian Journal of Regional Science*, 1990 (8), pp.171-177.

Charles Lipson. "International Cooperation in Economic and Security Affairs", *World Politics*, Vol. 37, No.1, 1984, pp. 1-23.

Daniel Berkowitz, Johannes Moenius , and Katharina Pistor. "Trade, Law, and Product Complexity", *Review of Econo-mics and Statistics*, Vol. 88, No. 2, 2006. pp. 363-373.

Daniel Yergin. "Ensuring Energy Security", *Foreign Affairs*, Vol. 85, No. 2, 2006, pp. 69-82.

Duncan Snidal. "International Cooperation Among Relative Gains Maximizers", *International Studies Quarterly*, Vol. 35, No. 4, 1991, pp. 387-402.

Ernst B. Haas. "International Integration: The European and the Universal Process", *International Organization*, Vol. 15, Issue 3, 1961, pp. 366-392.

Georg Gebhardt, Felix Hõffler. "How Competitive is Cross-border Trade of Electricity? Theory and Evidence from European Electricity Markets", *The Energy Journal*, Vol. 34, No. 2, 2013, pp. 125-154.

Glavitsch, H., G. Andersson, T. Lekane, A. Marien, E. Mees and U.

Naef. "A Flow-based Methodology for the Calculation of TSO to TSO Compensations for Cross-border Flows", *International Journal of Electrical Power and Energy Systems*, Vol. 26, Issue 1,2004, pp. 49-56.

Janusz Bielecki. "Energy Security: is the Wolf at the Door?" *The Quarterly Review of Economics and Finance*, Vol. 42, Issue 2,2002, pp. 235-250.

James E. Anderson, Douglas Marcouiller. "Insecurity and the Pattern of Trade: An Empirical Investigation", *Review of Economics and Statistics*, Vol. 84, No. 2, 2002, pp. 342-352.

J. Ernesto López-Córdova, Chris Meissner. "Exchange Rate Regimes and International Trade: Evidence from the Classical Gold Standard Era", *American Economic Review*, Vol. 93, No. 1,2005, pp. 344-353.

Joseph M. Grieco. "Anarchy and the Limits of Cooperation: a Realist Critique of the Newest Liberal Institutionalism", *International Organization*, Vol. 42, No. 3, 1988, pp. 485-507.

Kenneth N. Waltz. "Realist Thought and Neorealist Theory", *Journal of International Affairs*, Vol.44, Issue 1, 1990, pp. 21-37.

Leena Srivastava, Neha Misra. "Promoting Regional Energy Cooperation in South Asia", *Energy Policy*, Vol. 35, Issue 6,2007, pp. 3360-3368.

Leszek Balcerowicz. "Institutional Change after Socialism and the Rule of Law", *Hague Journal on the Rule of Law*, Vol. 1, Issue 02, 2009, pp. 215-240.

Mancur Olson. "Increasing the Incentives for International Cooperation", *International Organization*, Vol. 25, No. 4, 1971, pp. 866-874.

Michael Grubb, Lucy Butler, Paul Twomey. "Diversity and Security in UK Electricity Generation: the Influence of Low Carbon Objectives", *Energy Policy*, Vol. 34, No. 18, 2006, pp. 4050-4062.

Michael Mastanduno. "Do Relative Gains Matter? America's Response to Japanese Industrial Policy", *International Security*, Vol. 16, No. 1, 1991, pp. 73-113.

Paul Krugman. "Scale Economies, Product Differentiation, and the Pattern of Trade", *American Economic Review*, Vol. 70, No. 5, 1980, pp. 950-959.

Pierre-Olivier Pineau, Anil Hira, and Karl Froschauer. "Measuring International Electricity Integration: A Comparative Study of the Power Systems under the Nordic Council, MERCOSUR, and NAFTA", *Energy Policy*, Vol. 32, No. 13, 2004, pp. 1457-1475.

Robert O. Keohane. "International Institutions: Two Approaches", *International Studies Quarterly*, Vol. 32, No. 4, 1988, pp. 379-396.

Rozeta Karova. "Regional Electricity Markets in Europe: Focus on the Energy Community". *Utilities Policy*, Vol.19, Issue2, 2011, pp. 80-86.

Serafin D. Talisayon, "Designing the Future of ASEAN Electricity Trade", *ASEAN Economic Bulletin*, Vol. 5, Issue 1, 1988, pp. 81-91.

Stephan Haggard, Beth A. Simmons. "Theories of International Regimes", *International Organization*, Vol. 41, No. 3, 1987, pp.491-517.

Sumit Saroha, Rohit Verma. "Cross-border Power Trading Model for South Asian Regional Power Pool" . *International Journal of Electrical Power & Energy Systems*, Vol. 44, Issue 1,2013, pp. 146-152.

Tooraj Jamasb, Michael Pollitt. "Electricity Market Reform in the European Union: Review of Progress Toward Liberalization and Integration", *The Energy Journal*, Vol. 26, Special Issue,2005, pp. 11-41.

Wang Qi, Xu Ting-ting and Guo Xiao-li. "Analysis on the Risk of Northeast Asia Regional Energy Security Cooperation", *Energy Procedia*, Vol. 16, Part A, 2012, pp. 341-345.

（三）外文研究报告

Andrew K. Rose . "One Money, One Market: Estimating the Effect of Common Currencies on Trade", NBER Working Paper No. 7432, Issued in December,1999.

Asia Pacific Energy Research Centre. "Power Interconnection in the APEC Region: Current Status and Future Potentials", Published by Asia Pacific Energy Research Centre, Institute of Energy Economics, Japan, Tokyo, March,2000.

Castalia Advisory Group. "International Experience with Crossborder Power Trading", Report to the Regional Electricity Regulators' Association and the World Bank, September 2009.

Charpentier, J. P., K. Schenk. "International Power Interconnections: Moving from Electricity Exchange to Competitive Trade" . The World Bank Industry and Energy Department Viewpoint, March 31, 1995.

Economic Consulting Associates. "The Potential of Regional Power Sector Integration: Gulf Cooperation Council Countries Transmission & Trading Case Study", Economic Consulting Associates Limited 2010.

Francisco J. Burgos. "Regional Electricity Cooperation and Integration in the Americas: Potential Environmental", Social and Economic Benefits, Aug., 2007.

Frode Årdal. "International Trade with Electric Power", Norwegian University of Science and Technology, Faulty of Information Technology, Mathematics Electrical Engineering, Department of Electrical Power Engineering. Trondheim, March, 2009.

Heymi Bahar & Jehan Sauvage. "Cross-Border Trade in Electricity and the Development of Renewable-Based Electric Power: Lessons from Europe". Paris: OECD Trade and Environment Working Papers, Feb., 2013.

Martin Berger. "Portfolio Analysis of EU Electricity Generating Mixes and Its Implications for Renewables", Ph.D. Dissertation, Technischen Universität Wien, Vienna, March, 2003.

Michael Porter, Hardiv Situmeang, Edward Willett, Sandra Gamble, Ross Ramsay, and Amy Auster. "Preparing for Electricity Trading in ASEAN", Regional Economic Policy Support Facility Project Report No. 03/002, Australian Agency for International Development, March, 2005.

Peter Meisen, Chareade Mohammadi. "Cross-Border Interconnections on Every Continent", Global Energy Network Institute, June, 2010.

Roger J. Goodman. "Power Connections: Canadian Electricity Trade and Foreign Policy", Canadian International Council, June, 2010.

Shanker Krishna Malla. "Towards a Regional Energy Market in South Asia", South Asia Centre for Policy Studies (SACPS) paper No 16. Kathmandu: South Asia Centre for Policy Studies, May, 2008.

Sidney Weintraub. "The Energy Situation in the Western Hemisphere", Center for Strategic and International Studies, Washington, DC., July, 2007.

Takis Plagiannakos. "Will Free Trade in Electricity Between Ontario/ Canada and the U.S. Improve Environmental Quality?" Presented at the North American Symposium on Understanding the Linkages between Trade and Environment, Washington, DC., October 11, 2000.

United Nations. "Multi-Dimensional Issues in International Electric Power Grid Interconnections", Department of Economic and Social Affairs, Division for Sustainable development, United Nations, New York, 2006.

World Bank. "Building Regional Power Pools: A Toolkit", The Energy Anchor Unit, Energy Transport and Water Department of the World Bank' s Sustainable Development Network, June, 30, 2008.

World Bank. "Power Trade Strategy for the Greater Mekong Subregion", Report to the East Asia and Pacific Region, March 1999.

World Energy Council. "Electricity in Central Asia Market and Investment Opportunity Report", 2007.

(四)外文论文集内论文文献

David M. Kreps. "Corporate Culture and Economic Theory", in James

E. Alt, Kenneth A. Shepsle (eds.), "*Perspectives on Positive Political Economy*", Cambridge: Cambridge University Press, 1990, pp. 90-143.

Leszek Balcerowicz. "Concluding Comments", in Balcerowicz and Fischer (eds.), "*Living Standards and the Wealth of Nations: Successes and Failures in Real Convergence*", Cambridge, MA: MIT University Press, 2006, pp. 400.

Lisa L. Martin, "The Rational State Choice of Multilateralism", in John G. Ruggie(ed.), "*Multilateralism Matters: The Theory and Praxis of an Institutional Form*", New York: Columbia University Press, 1993, pp. 91-124.

Mark W. Zacher & Richard A. Matthew. "Liberal International Theory: Common Threads, Divergent Strands", in Charles W. Kegley Jr. (ed.), "*Controversies in International Relations Theory: Realism and the Neoliberal Challenge*", New York: St. Martin' s Press, 1995, pp.107.

Thierry Pénard, "Game Theory and Institutions", in Eric Brousseau and Jean-Michel Glachant (eds.), "*New Institutional Economics*", Cambridge University Press, 2005.